てはいけないランニング

走りこむだけでは「長く」「速く」走れません

鈴木清和

青春新書
INTELLIGENCE

はじめに

私は『スポーツマイスターズコア』というトレーナーズルームを運営し、さまざまな要望を持つランナーに向けたランニングクリニックを開設しています。

ある日、私の運営するトレーナーズルームに、ふくらはぎの痛みに悩む女性が相談にきました。彼女の希望は痛みの解消だけでなく、東京マラソンにチャレンジし、完走すること。話を聞くと、10キロの大会を完走したことはあるものの、フルマラソンにチャレンジするのは初めてということでした。

本番までの時間は約3か月。その間に痛みを取り、彼女が自分に合った走り方を身につけられるようトレーニングを行うとなると、なかなか厳しい。少々、スパルタな接し方になると思い、私は彼女の本気度を確かめるため、いったん、「今のままではフルマラソンを完走する可能性はかなり低いですよ。走り抜くためには、これまでとまったく違ったアプローチが必要になります」と突き放しました。それでも彼女は、

「絶対に完走してみせます」

ということで、私は最初の課題を出し、チャレンジするように伝えました。

「痛みが完全に引かなくても、10キロの大会に出てください。ただし、全部『片足スキップ』で走ること」

「途中、苦しくてスキップができなくなったら、歩かずに止まって休み、息が整ったところでまたスキップを始めること」

「これまで使っていたシューズを履くのをやめて、新しいシューズを購入すること」

「ランニング中の携行食には、ウルメイワシや鮭とばを持っていくこと」

彼女は、スキップ？　止まって休む？　新しいシューズ？　ウルメイワシ？

といくつもの「？」マークが浮かんだ表情を見せながらも、指示通りに片足スキップ

で10キロの大会をクリアしてくれました。

その後、東京マラソンを見事、5時間11分で完走。途中、何度も立ち止まってコースの脇で休みながら、ウルメイワシを食べたそうです。


ここまで読んでくださった方の頭にも「?」マークが浮かんでいるのではないかと思います。片足スキップで10キロ走る意味、レース中に喉の渇きを助長させるであろうウルメイワシを食べる理由……。すべての謎は本書の中で順序立てて明かされていきます。

ランニングについて、奇をてらった新説を打ち立てようとしているわけではありません。それぞれの指示には、体の仕組みに則った答えがあります。ただ、ほんの少し一般のコーチとは考え方が異なるだけです。

まだまだイケると思っていませんか?

ここ数年、健康維持やダイエット目的で走り始めたのをきっかけに、フルマラソンを目指すランナーが増えています。しかし、一見〝誰でも走れる〟せいか、やみくもに走っているなというのが正直な印象です。

始めて1年。日々走っている。

なのに、ステップアップしている実感がないならば、「やってはいけないランニング」をしている可能性が高いと言えます。

ただ走るだけでは、いつまでたってもペースは上がりません。

走力を伸ばすつもりのトレーニングが、じつはまったく無意味だとしたら？

そもそも、学生時代に走れたからと過信しないことです。

当時といまでは体格も体重も違います。運動らしい運動をしていない人は筋肉が硬直しているので、走るのなんて簡単！　といきなり走り出すのは危険なのです。

忙しいビジネスマンだからこそ、短時間のトレーニングで成果を出したいですよね？

ならば、**最優先すべきは効率的な走り方やトレーニング方法を身につけること**です。

さらに、フルマラソンを目指すランナーのみなさんがぶつかる難関として「30キロの壁」という言葉があります。スタート地点から走り始め、徐々に体力がなくなり、30キロ地点で力尽きる。時には歩く体力も残っておらず、ゴールできずにレースを終了……。そこで多くのランナーは、毎回30キロの壁が越えられないのは練習不足のせい、とさらに一生懸命トレーニングに励んでしまう。結果、痛みやケガを誘発しています。じつはブームの陰で、痛みやケガによりランニングを断念する人も多い。これは大変残念なことです。

さまざまなランナーが抱えている問題は、ひとつだけ。
それは「体型に合った走りができていない」ことです。

逆に言えば、いま走りにロスの多い状態で30キロ走ることができるなら、本書で紹介するトレーニングに取り組むことで、すぐにフルマラソンのゴールに到達できるようになるでしょう。

フルマラソンを完走する逆転の発想

じつは、いまのままでも十分にゴールする方法があります。そのためには、考え方を少しばかりやわらかくする必要があります。

みなさんは、スタート地点からゴールに向かう時、走りださなければいけないと考えがちです。しかし、**完走することを目標にするなら、ゴールから逆算するのが正解。**

ランニングには、スタートからイーブンペースで走り、ゴールしなければならないなんてルールはありません。

ゴールまで自分なりのペースで走り切れる地点を、あなたのスタート地点にすればいいのです。

つまり、30キロをなんとか走れるのなら、レースのスタート地点から13キロまでは疲れない速度で歩けばいい。そして、13キロ地点をあなたのスタート地点にするんです。

大きな大会であればあるほど、最初の数キロは混んでいますから堂々と歩いてかまいません。もし、恥ずかしいようなら最初の1、2キロは小走りで進んでおけばいいでしょう。立ち止まって休憩し、ここからなら走り切れるという地点からゴールを目指す。すると、これまで通り、30キロ走ればフルマラソンを完走することができます。スタートからではなく、ゴールから逆算する。この発想があれば、人より少々時間がかかっても自分の実力の範囲内で結果を残すことができます。

そうやって完走した後に、「もうちょっと余力が残っていたな」と感じたら次に生かせばいいだけです。こんなふうに考え方をちょっと変えるだけで、ランニングの常識、非常識が見えてきます。

体の力を抜いたら、どんどん走れるようになる！

たとえば、巷ではランナーをその習熟度によって、ジョギング、ランニング、レーシングというカテゴリーに分けていきます。基準となるのは、タイムや走行距離、ランニング歴……。

しかし、私たち一人ひとりには生まれ持った体の違いがあり、本来は、速いか遅いか、長く走ることができるかできないかだけで、レベルを分けることはできません。

私に言わせると、単にタイムの速いランナーよりも、自分の持っている体の特徴を理解し、体型に合った走りによって、エネルギーを使い切れている人のほうが、優れたランナーです。

私自身、大学まで競技としてランニングに取り組み、駅伝部に所属しながら箱根駅伝を目指していました。しかし、トレーニングを重ねる中でケガを抱えるようになり、満足に走れなくなっていきました。

それでもトップアスリートと競い合い、勝負したい。

そんな思いから、一般的に知られている対処法は、すべてと言っていいほどやり尽くしました。名医と呼ばれる先生の診察を受け、治療院に通い、自転車やプールでのリハビリに取り組み、ランニングフォームの改良やシューズの補強、インソールの使用、予防のためのストレッチなどなど。

一時的によくなることはあっても、体の中にある痛みは残り、駅伝部に入部した当時、思い描いていたような結果を残すことはできませんでした。

しかし、ランニングを楽しむ気持ちはいつも変わらず、いつしか自分の抱える症状を改善できれば、他のランナーの悩みの解決を手伝うことができるのではないかと考え始めました。

その後、治療院、整形外科、スポーツ医科学センターなどで研究を続け、ひとつの答えを見出しました。

本書では、私が「やわらか走」と名づけているランニングメソッドの一部を紹介し、ひとりでも多くの方にケガなく、フルマラソンを走破できる走り方とトレーニング方法をお伝えしたいと思っています。頑張るだけ、体力まかせのランニングではなく、体の構造を知った上で、やわらかくていねいに走る。そんなランニング法を伝えたいと願っています。

2012年7月

鈴木清和

『やってはいけないランニング』◆目次

第2章 走り出す前に、自分の体型・走りのクセを知っておこう！

—だから多くのランナーはムダな努力をしている！—

第3章 無理なくどんどん距離を延ばすトレーニング3ステップ
―短時間で成果につなげる内容・回数・頻度とは？―

第4章 効率よい走りでスピードをグングン上げる9種のドリル
―ペースを底上げして、抜かれる人から抜ける人に!―

第5章 マラソン大会出場が決まったらやるべきこと
―ケガなく完走するためのシミュレーションプラン―

撮影／石田健一
イラスト／内山弘隆
本文デザイン・DTP／ハッシィ

第1章

日々走っているのに、なぜ距離もスピードも伸びないのか？

―やってはいけないランニング13のケース―

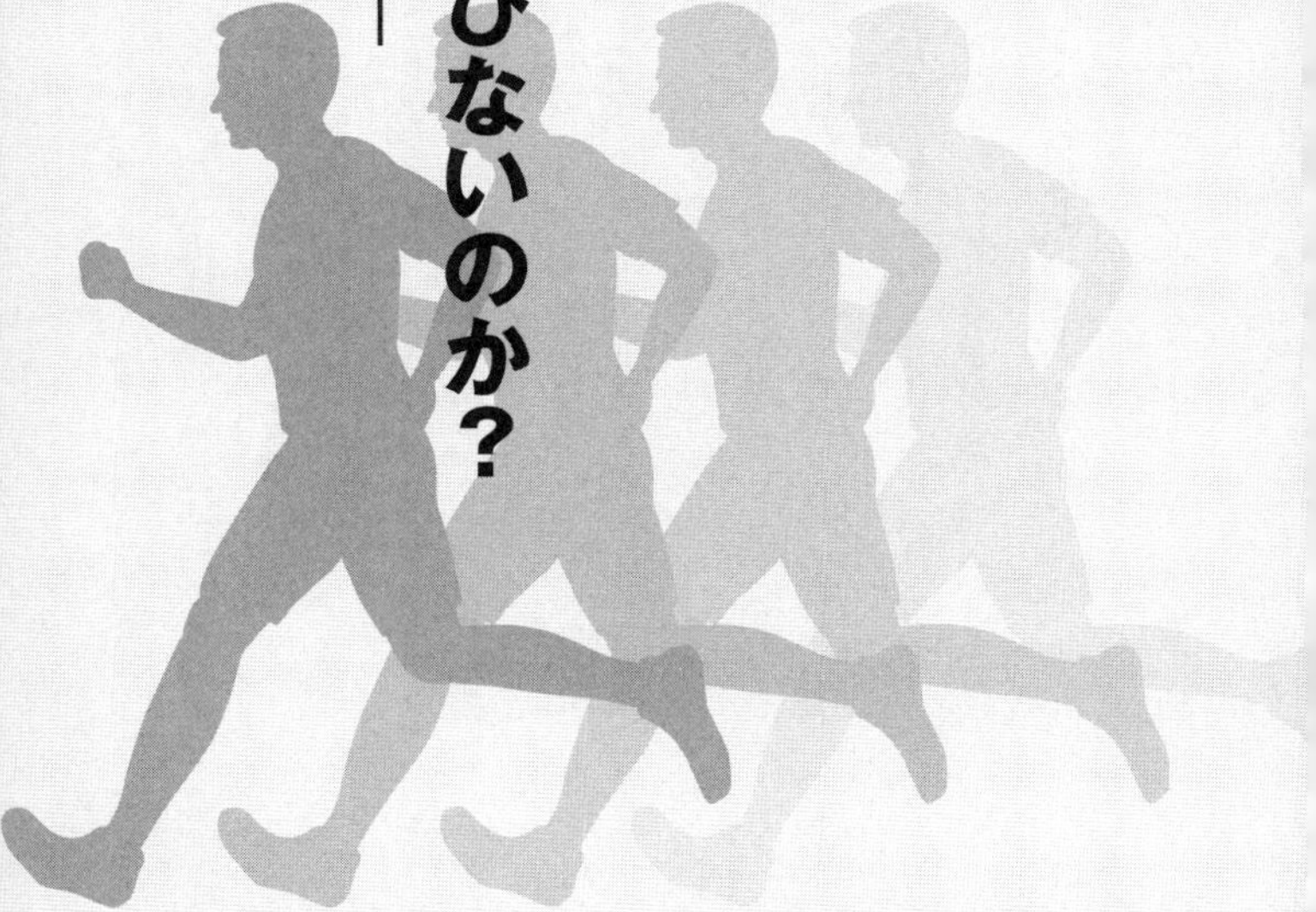

誰でも走れるからこそ、最初にスキルを学ぶと得！

ランニングは、誰もが楽しめるスポーツです。実際、私たちは誰に教わったわけでもなく、「走ろう」と思って駆け出すと、走ることができてしまいます。ですが、この気軽さは、すばらしいことである反面、ランナーの体に小さくない危険をもたらしているのです。

たとえば、サッカーや野球など、他のスポーツを始める時のことを考えてみてください。私たちは、ボールの投げ方や蹴り方、バットやクラブのスイングの仕方、バタ足や息継ぎの方法など、誰もが、そのスポーツに必要な体の動かし方を学んでいきます。

ところが、自然と走ることができてしまうランニングの場合、走るための体づくりや体の使い方を学んでから始める人は少数派。

特に多いのが、学生時代に部活や体育の授業でふつうに走っていたのだから、といきなり走り出してしまうケースです。

しかし、当時と今とでは体格も体力も段違い！　昔のイメージで走り出すこと自体、無理があります。

結果、現在のランニングブーム、マラソンブームの中で、多くのランナーがヒザや腰、足首などのケガに悩まされているのです。

私の主宰するランニングクリニックにも、楽しく走っていたのにケガをしてしまったという相談が途切れることなく、寄せられています。

習わずに始められる気軽なスポーツで、なぜトラブルが生じるのか。

それは、走ることが体へ与える負担によるものです。

〝誰でもできる〟という気楽さはあるものの、やはりスポーツ。体にはそれ相応の負担がかかっています。

とくに、一番大きな負担となるのは「着地時の衝撃」です。また、本人の体型に合わない走り方をした場合、体のあちこちに負荷がかかり、ケガの原因になっていきます。

最大のポイントは、着地時の衝撃。

足首、ヒザ、腰へと伝わっていく衝撃をいかにうまく受け止めているか。それがケガをする、しないという未来を左右します。

詳しくは後述しますが、**着地時の衝撃をうまく受け止めるランニングスキルは、本人の体型によって変わってきます。**

ところが、ランニング歴2年、3年のランナーでも、このスキルを身につけていない方がほとんどなのです。

誰もが簡単に始められるスポーツだからこそ、スキルについて考えることなく、好きなだけ走り続けてしまう。ケガをしたら休み、痛みが引いたら違和感を抱えながら「ほどほどに走れる」とランニングを再開する。この繰り返しではいつまでたっても、長く、速く走れるようになりません。

日々のトレーニングをムダな努力に終わらせないためには、最初に必要なランニングスキルを知ることです。

そうすれば、短時間でも最大限の効果につながる効率的なトレーニングを行うことができ、走りが飛躍的にレベルアップします。

走れることと、ケガなく快適に走ることは似て非なるもの。本書で「自分に合った走り方」を紹介します。見落とされがちなスキルについて見つめ直し、いつまでも快適なランニングを楽しみましょう。

ここを改善！

ランニングを始めたくなっても、いきなり走り出さない

正しいフォームはあってないようなもの

ケガをしないため、快適に走るためのランニングスキルと聞くと、すぐに正しいランニングフォームのことを思い浮かべる人が多いようです。

たしかに、教則本やランニングブームを特集した雑誌には、必ずランニングフォームに関するページがあります。美しい立ち姿のモデルさんが最新のランニングファッションに身を包み、颯爽《さっそう》と駆けていく連続写真。背筋を伸ばし、腕を振り、腰を高く保ち、軽やかに走っている……ように見えます。

しかし、私たちは一人ひとり、身長や体重はもちろん、足の長さや大きさも異なります。

モデルさんのような細身の体の人と、中肉中背のがっちり体型の人が、同じフォームを学んだところで、それはお互いに共通する「正しいフォーム」「美しいフォーム」にはなりえないでしょう。

私がいつもランニングクリニックで伝えているのは、こうしたお仕着せの「正しいフォーム」「客観視的」なフォーム信仰を捨て、「自分の体の声を聞く」という主観的な走り方を身につけていくことです。

大切なのは自分が走ってみての感覚を信じることです。
フォームではなく、体の状態と対話しながら走ること。
無用な負荷、ストレスを溜め込まない状態で走ることです。

腕は前後にしっかりと振る。腰高の姿勢を保つ。胸を張る。一定の歩幅を守る。こうしたランニングに関するアドバイスは、いったん忘れてください。すべてが間違いとは言いません。しかし、すべてが正解でもありません。

慣れないうちは、自分の体がどんな状態にあり、どんなふうに感じるかをイメージしにくいかもしれません。

しかし、後述するトレーニングを行えば、必ず実感できるようになります。それにともない、走る力、ランニング技術も向上するでしょう。

自分の走りを磨き、自分の体を変えて行く過程こそが、レベルアップの経験値となります。そして、一度身につけば、一生ものの財産となるでしょう。

後述のプログラムを参考に、ぜひケガなく、カッコよく走れるランナーになりましょう。

ここを改善!

正しいフォームにこだわりすぎてはいけない

ランニングシューズは軽さで選んではいけない

クッション性優先でシューズを選んだり、「なるべく軽やかに走りたい」と軽さ最優先でシューズを選んだり、持ちタイムからシューズを選ぶ人が増えています。しかし、クッション性や軽さ、タイムを基準に選ぶのは大間違いの大問題です。

ランニングシューズはランニングにおける数少ないギアのひとつであり、体と地面をつなぐ接点。非常に重要な役割を担っているだけに、足のサイズに合っているかどうかが最優先されるべきなのです。

見極めのポイントは、指先にあります。

足を着いて蹴るという動きのとき、拇指球《ぼしきゅう》（足の親指のつけ根）の位置が靴の折れる位置と合っているかどうかをチェックするんです。

これは、ハズレシューズを見極めるポイントでもあります。

たとえば、デザイン性に特化しすぎた結果、関節や足首の返しなど、人間の体の構造上曲がるべきところとシューズの曲がる部分がまったく合っていないシューズがあります。

これは100％ハズレシューズ。試着する前にシューズを手に持ち、前後左右に曲げてみれば、すぐにわかります。

「ここで曲がるのか」と違和感があったら、どんなに軽くて、クールなデザインでも履くのは避けましょう。

走りにくいだけでなく、ケガを誘発する可能性があります。


また、ランナーの中には価格やデザインだけでシューズを選んでしまう方がいますが、最安値重視で試着もせず、ネットショップで購入するなど言語道断！

もし、自分の体に合わないシューズを履いているとどうなるか。

私のランニングクリニックに寄せられる相談の中で、初心者ランナーを中心にヒザ裏の痛みを訴える人が増えています。彼らは、自分のランニングフォームが悪いから、痛みが出るのでは？　トレーニングメニューに問題があるのでは？　と考えています。

しかし、私の見立てでは痛みのおもな原因はもっと単純なところ、シューズにあります。じつは、**最近多いのがこの「デカ靴問題」**なのです。

ここで言う「デカ靴」とは、体型に対して必要以上にソールにボリュームのあるシューズのこと。ショップではおもに初心者コーナーに置かれています。

なぜなら、「初心者は筋肉ができていないし、着地の衝撃を受け止められるようにソールの厚いものがいい」とされているからです。

ショップスタッフもランナーの話を聞き、タイムやランニング歴に応じて、ソールの厚いシューズをお勧めしてくれます。

ところが、ここにトラブルの要因があります。

たとえば、身長１６０センチで体重が50キロくらいの女性が、非常にクッション性の高い厚底ソールのランニングシューズを履いてしまうと、ランニング中、靴の大きさによって足が振り回されることになります。言わば、町乗り用の大衆車がダンプカーのタイヤを履いている状態。

たしかに、クッション性はありますが、前へ進むためのエネルギーが余計に必要で、乗り心地も悪くなります。極端な話、長靴を履いて走っているような違和感に近いものを感じているはずですが、ランニングシューズを履き比べていない初心者ランナーほど、「こんなものかな」と納得してトレーニングを続けてしまいます。

ソールが厚く大きいということは、その分、地面との摩擦も大きいということで、その分、自分の体が靴の上で動かされてしまいます。

特に体重が軽く、筋力の弱い女性がそんなトレーニングを続けると、股関節やヒザでかかった負荷を受け止めることに。その結果、最初にダメージが痛みとして表れるのが、ヒザ裏なのです。

ランニングシューズ選びに大切なことは、自分の体型に合ったものを選ぶことです。

実際、ランニングクリニックでは、シューズを変えただけで痛みが引いていったケースも多々あります。ランナーと地球を結びつける重要なギアとして、一度ご自分のシューズと選び方を見直してみてください。

体型、体重、筋力など、個人個人の足に合った当たりシューズを探すためのポイントは5章でも解説します。

ここを改善！

ランニングシューズは軽さで選んではいけない

一生懸命走っても体脂肪が減らない理由

フルマラソン完走はもちろん、ダイエットを目的にランニングを始める方も増えています。しかし、その多くが、私から見ると非常にもったいない走り方をしています。

一生懸命、走り過ぎているのです。

ダイエット目的のランニングで大切なのは、脂肪を燃焼させること。

ところが、人の体は必死に頑張って走ってしまうと、脂肪よりも先にグリコーゲンをエネルギー源として使い始めてしまいます。**脂肪をエネルギー源として燃やすためには酸素が必要です。そのためには、頑張り過ぎないことが大切になってくるのです。**

体の中で脂肪が燃える状態をつくり出すために、必要な走り方があります。

キーワードとなるのは、「最大酸素摂取量」です。

これは私たちが、1分間に体に取り込むことのできる酸素量のこと。つまりその人の体力レベルを表す指標です。そして、この最大酸素摂取量の50％程度のペースで走る状態がもっとも効率的に脂肪燃焼が進むとされています。

では、その50％をどうつかめばいいのか。

心拍数を基準にするなど、細かな計測方法はいくつかありますが、何の機械も使わず、体感で脂肪燃焼にちょうどいい酸素摂取量の状態を知ることができます。

それは、**口を閉じて「ふんふん」と、鼻だけで呼吸ができるギリギリのペースで走っている状態です。**

逆に苦しさを感じて、口を開いて呼吸をし始めたら、それは頑張りすぎ。脂肪燃焼ではなく、グリコーゲンがエネルギー源となり、乳酸も溜まっていきます。

短距離走などに必要な瞬発系の筋力は鍛えられますが、乳酸で筋肉が疲れてしまうので、長い距離を走り続けることはできません。
つまり、運動強度が強すぎるランニングでは、脂肪燃焼がスムーズにすすまないのです。

ダイエット効果や疲労回復を狙って走る時は、鼻で「ふんふん」と呼吸できる運動強度で、うっすらと汗がたれるくらいのペースを維持しましょう。30分程度のランニングで十分な脂肪燃焼効果を得ることができます。

ここを改善!

ダイエット目的なら、息が切れる速さで走ってはいけない

走行距離を意識するほど、走れなくなる！

「走るのが好きだから」「リフレッシュできるから」「友人に会えるから」と、ランニングそのものを楽しまれることは素晴らしいことと思います。

しかし、「今よりも速くなりたい」「もっと長い距離を走れるようになりたい」といった目標があるのならば、ただ毎日のように走り、月間走行距離を維持することは、逆効果につながります。

走行距離を意識するあまり、適当な省エネ走りを身につけてしまい、自分の持っているスピードが出せなくなるのです。

スピードが出せないので、タイムももちろん頭打ちになります。つまり、量を増やして質が低下しているのです。

こうした事態を避けるために大切なのは、メリハリをつけたランニング。なぜなら、トレーニングの原則のひとつに「過負荷の法則」というものがあるからです。

これはトレーニングを行う時に、ある一定以上の負荷で運動しなければ効果が表われないという原則。人間には環境適応能力があるため、同じ負荷のトレーニングをしていてもしだいに体が適応してしまい、効果が薄くなってしまうのです。

みなさんがもし、一度、身についた走力を維持するために、義務感やストレスを感じながら走っているのなら、まず毎日走るのをやめてみましょう。練習メニューについても再検討してみるべきです。

たとえば、5キロ走り切る力のあるランナーが、10キロをクリアするためには、練習の質と量を変える必要があります。能力を伸ばすためには、より強い負荷をかける必要があるわけです。

ちなみに、私が主宰しているランニングチームの練習は週に1回。そのチームでの月間走行距離は20キロ〜100キロ程度ですが、その練習だけでフルマラソンを3時間9

分で完走したランナーもいます。

これは、走行距離を気にせず、ランナーの体に適切な刺激を与えていった結果のひとつだと思います。

成長期を過ぎた社会人の場合、しっかりと走る練習が週に一度でもあれば、十分な手応えを感じつつ、自分らしい走りを身につけることができます。

ここを改善！

走行距離を増やすために、毎日走ってはいけない

成長のタイミングは3か月後にやってくる！

トレーニングのしすぎはお勧めしませんが、例外的なケースもあります。

ランニングを続けていると、ぽんっと体を軽く感じられる瞬間がやってきます。そして、今まで維持できなかったペースで走れるようになったり、普段のランニングでは疲れが出始める距離を、軽々と越えられるようになったりします。

ある人はこれを「今日は調子がいい」と感じ、また別の人は「力がついてきたのかも」と期待します。

じつはこれ、気のせいでも調子の良い悪いでもなく、体がきちんと変化したことの表れです。

ですから、体が軽いと感じられた日は、定めていたメニューやコースのことは少し忘れて、快適な状態のまま行けるところまで走り続けてみてください。

しかも、**この成長のタイミングは年齢に関係なく、一定のサイクルで訪れます。本当に初心者ランナーの場合、最初に変化を感じるのは3か月前後。何が一番変化するかというと、呼吸です。**

ランニングを始めたばかりの人は、すぐに息が切れてしまいます。

過負荷を感じ取った体は、新たな環境に適応しようと働き始めます。

その結果、酸素を体の隅々まで運んでくれる血中のヘモグロビンの量が増加し、一度に大量の酸素を運べるようになるため、呼吸がラクになるのです。

その**変化に必要な期間が、80日から90日。**

初心者ランナーの場合で言えば、走り始めた最初の1、２週間の刺激の成果が、80日、90日後に表れるということです。

例えて言うなら、私たちが息苦しさを感じているとき、ヘモグロビンはもっと酸素を効率的に運ばなければと使命感に燃えているわけです。

つまり、初心者の域を越えたランナーでも、ぽんっと体が軽くなった直後に適度な有酸素運動によって負荷をかけることで、さらなる成長を促すことができるというわけです。

逆に、今まで以上に走る力が身についた時に、それまでと変わらないペースや距離しか走らないと、体は「その程度でいいや」と感じてしまいます。刺激にならず、せっかくのチャンスを逃すことになりかねません。

10代の成長期だけでなく、いくつになっても身体能力は伸びていく可能性を秘めています。自分を小さな枠に押し込めず、調子のよいときは調子に乗って、調子の悪いときはそれなりに走る方が、自分の成長を妨げず、気持ちよく、カッコよく走れるようになるのです。

ここを改善！

練習プランに従順すぎてはいけない

ランニングコースは最低３つ用意しよう

河川敷の土手をまっすぐ走り、目印にしている橋の袂で折り返し、戻ってくる——。日々のランニングが習慣化しているランナーの中には、いつも決まったコースを走っている人も多いのではないでしょうか。

もし、**走力の向上を考えているのなら、決まったコースを走るよりも、日々違うコースを走る方が高い効果を得ることができます。**

その理由もまた、「過負荷の法則」にあります。

有酸素運動によってヘモグロビンの量が変わることを前述しましたが、筋肉を構成している筋繊維も、新しい刺激によって３週間ほどで変化するからです。

同じコースを走っている間は、かかる負荷も変わらず、筋繊維への刺激はわずか。平地だけでなく、上り坂、下り坂、右や左へのカーブ。また、アスファルト、土、ウッドチップ、トラックなど、接地面に変化のあるコース選びも筋肉への新たな刺激となってくれます。

その点、人気の皇居一周コースは、アップダウン、カーブもあり、適度な刺激のあるランニングコースだと言えるでしょう。


また、ジムのランニングマシンをトレーニングの中心に据え、テレビ番組を流し見しながら走っている人もいることでしょう。

じつは、**ランニングマシンは筋肉への負荷が一定で、あまりお勧めできるものではありません。**

大きな問題点は、前から流れてくるベルトコンベアへの接地が、前に進む力（キック力）を鍛えるのではなく、押しとどめる筋力のアップに効果を発揮してしまうことです。

ジムでは身の安全や天候、昼夜を問わず走れますが、ランニングに適した体づくりという意味ではお勧めしません。

トップランナーがトラックのほか、クロスカントリーをメニューに盛り込むのは、こうした点を考慮してのこと。彼らの多くは、アスファルト以外のコースも走っています。森林公園や河川敷の土の上、砂浜や走りやすいハイキングコースなども含まれます。

これは、硬い路面ばかり走っていると、筋肉や関節へのストレスが大きく、トレーニング効果よりもケガへとつながってしまうことを知っているからです。

そこで、同じコースだけで練習せず、さまざまなコースを走ることで、バランスを整えているのです。ハイキングコースなど、高地の場合は心肺機能を向上させる効果も考えています。

そして、彼らは本気でスピードを向上させたい時だけ、トラックで限界に挑みます。

これも過負荷の原則に則ったメリハリです。

ここを改善！ いつも決まったコースを走ってはいけない

ウォーミングアップはなぜ必要か？

ランニングをする前、つまりウォーミングアップに、「どんなストレッチングをするとよいでしょうか」というご質問をいただきます。

「ストレッチ」という言葉が広く一般化していく中で、気づくと「ウォーミングアップ＝ストレッチ」というイメージが広がってしまいました。

たしかに、ランニングの前に行うストレッチとして、体を動かしながら伸ばしていく動的なストレッチには、一定の効果があります。

ただし、これだけでは、**ランニング前の準備として百点満点の50点といったところ。ランニング前に必要なのは、ストレッチではなく、ウォーミングアップ。ストレッチはあくまでもウォーミングアップの一環にすぎないからです。**

そもそも、**ウォーミングアップの必要性とは、日常モードからスポーツモードに切り替えることにあります。**

では、一体何を切り替えればよいのか。

それは、以下の「3大シフト」と捉えています。**（1）ブラッドシフト、（2）マッスルシフト、（3）ナーバスシフト、**です。

（1）ブラッドシフト：血液は、普段は生命維持に必要な脳、内臓に多く流れています。一方、運動時には、エネルギーや体温調整を行うため、筋肉、皮膚などに流動させます。

（2）マッスルシフト：日常、筋肉は立つ、歩く、座るなど、末端側からの関節運動に依存しています。一方、走る、跳ぶ、投げるなどの運動時には、体幹側からの関節運動に依存させます。

（3）**ナーバスシフト**：リラックスモードの副交感神経より、興奮モードの交感神経を優位にさせます。

前述の3大シフトを行うためには、体操やジョギングが最適です。それも、ランニング用の方法があります。

筋肉に対して、ストレッチは伸ばすこと、筋トレは縮めること、いずれにしても一方向、一部分しか動かすことができません。

一方で、体操は全身の筋肉が連鎖しながら、あらゆる方向に動きます。全身のバランスを取りながら、調子を整えることができるのです。

後述のプログラムを行い、ケガなくしっかりとパフォーマンスを発揮させましょう。

ここを改善！

ウォーミングアップ＝ストレッチではない

ただ腕を振っても、前に進む力は生まれない

私たちは小学校の体育の授業でグランドを走っていた時、よく「腕を振れ！」という声をかけられたものです。

また、ランニングを特集した記事などを開いても、いわゆる理想のフォームでは、ヒジを90度に曲げ、腕を前後に振っている姿が写真に収められています。

結果、多くのランナーが「走る時は腕を振るもの」と考え、疑問を持たずに走っているのです。

しかし、**ランニングにおいて、効果的な腕の振りを行うことは非常に高度なスキルです。ただ前後に振れば、前に進むエネルギーとなるほど、じつは単純な話ではありません。**

気をつけの姿勢から両腕を上に開いていくとわかりますが、腕から掌にかけて地面に下がる重さを感じませんか。

なぜなら、腕は人間の体において唯一、体幹から離れ、空中に浮いた部位だからです。宙ぶらりんのものが動くということは、そこに重みが生じ、振り子のように体全体の動きに影響を与えます。

特に**「腕を振らなければいけない」と意識すれば、するほど、力みが生じ、腕振りが走りのブレーキになるのです。**

考えなしに腕を振ることは、走って前に進むという運動に対してマイナスの力を発生させる可能性が高いと言えます。難しい動きだからこそ、じつは腕の動かし方を見れば、ランナーのレベルが分かります。

(1) バランスを取って走っている＝初級者ランナー

(2) リズムを取って走れている=中級者ランナー

(3) 推進力を得ている=上級者ランナー

詳しくは、次章以降で解説しますが、私は腕の動きについてこう考えています。**ここでポイントとなるのは、腕振りではなく、〝腕の動き〟と呼んでいるところです。**

腕振りというのは、「振る」といった時点で死点、つまり、動きが止まる瞬間があります。動き続けるべきランニングにおいて、止まる瞬間があるというのは、完全なタイムロス。

したがって、腕を振ろうと走っている場合、どれほど一生懸命振っても、振るほどにロスも大きくなってしまいます。

そこで、**お勧めなのが「手回し」です。振るのではなく、回す。しかも、腕ではなく手を回すのです。**

私はランニングにおける動きの起点は手にあると考えています。手さえしっかりと回せれば、足取りも軽く、バランスやリズムを取りつつ、しっかりとした推進力を得られます。

もちろん、自分の体型に合った回し方がありますので、第2章以降で説明しますが、先入観から腕を前後に振っているならば、いったんやめてみましょう。

腕の動き、手回しは非常に奥深いランニングスキルです。自分にあった手回しを習得すると、走りが確実に変わります。

ここを改善！

スピードがでないから、と腕を振ってはならない

体力に自信があるならフルマラソンに出てもいい!?

フルマラソンに出たい！　という衝動がランニングを始めるきっかけになるのであれば、それは歓迎すべきことです。私としてもぜひ、ひとりでも多くの方にフルマラソンを走り、一歩も歩かずに完走し、感動のゴールを味わってほしいです。

しかし、現実はそんなに甘くありません。

30キロの壁どころか、25キロ、場合によってはハーフも走れず、残り半分以上も歩いて帰って来た。しかも、足を引きずりながら、なんて武勇伝をよく耳にします。

笑っていられるのはまだマシな方で、その後、あちこちの治療院通いをしているなんてことも聞きます。せっかく、お楽しみで走り始めたのにと、後悔しても仕方がありません。

どの距離の大会に出るとしても、**ケガや事故の危険性を考えるならば一定の練習期間は取りたいところ。フルマラソンに出るまでの最低準備期間は6か月と見積もってください。**

理由は、先ほどのヘモグロビンの量の増加の話も含め、走るための技術や能力を身につけるのに、必要な時間だからです。

体にストレスを溜め込まないロスの少ない走り方、加えて、体中に栄養を行き渡らせる酸素供給能力を身につけていくことで、走りや呼吸に余裕を持てることはもちろん、心不全などの重大な事故を予防する意味もあります。

また、初レースの距離に関しては、5キロ、10キロ程度を目指しましょう。

特に地方で開催される小規模の大会がお勧めです。運営もゆるやかで、ゴールまでの制限時間も長くとってあるので、初めてでも焦らずに走ることができます。

こうした大会で、レースに向けたコンディションづくりから、大会当日の着替え、トイレ、ウォーミングアップといった自分なりの準備を体験し、会場の雰囲気を感じ取り、経験を積んでいくことは、後の財産になります。

加えて、ランニング能力の向上という意味でも、しっかりと走り切れる距離からレースに挑んでいく方が効率的なのです。

「大事な休日を使うのだから、初めてとはいえ、ハーフマラソンくらいは走ってみたい」

そう思う心情は理解できますが、**仮に10キロ走ったところで疲れてしまい、残りを歩くことになった場合、体ではもったいない現象が起きてしまいます。**

というのは、走れなくなったからといって、ゴールするためには休むわけにはいきませんよね。初心者ランナーは、必死で〝歩く〟ことになります。

そこで、「過負荷の法則」を思い出してください。

走れないということは、限界に達するほどの負荷をかけている状態。必死で歩いてしまうと、走るための筋肉よりも、歩くための筋肉がつきやすくなるのです。

これは非常にもったいないことです！

ひとつのレースを次につなげるためには、やはり、しっかり走り切れることにポイントをおくこと。

そういう意味では、短めの距離が適していますし、どうしてもフルマラソンに挑戦したければ、前書きでもお話したように、スタート地点は歩き、走ってゴールしたほうがいいのです。

ここを改善！ フルマラソンにいきなり出場してはいけない

いくら走り込んでも「長く」「速く」走れない

４２・１９５キロを経験していない人は、不安を払拭しようと事前に同じ距離を走るという話をよく聞きます。

しかし、いきなり距離を延ばすのは、ケガの元です。ここで体に大きなダメージを残してしまったら、肝心の本番に出場できない可能性も出てきます。

しかも、本番を想定した練習で30キロの壁にぶつかり、残りを「シミュレーションだから……」と歩いてしまったら、ここでも歩く筋肉が育ってしまいます。

そこで、**私がフルマラソンにチャレンジするランナーに勧めている練習方法は、短い距離でもしっかり走る練習。中でも「細胞分裂走」といった走り方です。**

まずは、２キロ、３キロ、５キロ、10キロなど、自分がしっかり走り切れる短い距離をベースにトレーニングを組み立てていきます。

その一度に走れた距離をどんどん分割し、一回に走る距離をさらに短縮。間に1分以上の休憩を挟みながら、その分、走る回数を増やすことで、総合距離を延ばしていく画期的な方法です。

例えば、すでに10キロを休まず走り切ることのできるランナーの場合、2分裂させると5キロ×2本となります。

すると、2本目の5キロは、休憩を取った分、少し元気が残っていて、より長い距離を走ることができます。仮に、プラス2キロ走れた場合、トータルで12キロ走り切ったことになるわけです。

そこで、次の練習では、その12キロを4分裂させます。つまり、休憩を挟みながら3キロを4回走ります（分裂の回数は3回でも、5回でもかまいません。1回の距離をペースを落とさず走り切れるように）。

すると、ここでも最後の3キロ時に余力が残っていますから、完走距離が延びていきます。そのプラス分をまた、次の分裂計算に加え……と、どんどん距離と分裂回数を増やしていくのです。

詳しい方法は、第3章でも紹介しますが、**この細胞分裂走のメリットは、1回あたりの練習での体への負荷を減らしながらも、回数を重ねることで、一日に42・195キロを走り切るという経験と自信を持つことができる点にあります。**

そして、その経験を積んで行くうちに、休憩の回数や時間が減り、最終的には完走する実力がついているのです。

実際のレースでも、細胞分裂走をイメージしながら小休止を挟んで走ることによって、初出場、初完走の可能性がぐんと高まります。止まって休んでいる間は、他のランナーの走りの邪魔にならない場所へ避けていれば、大会規則にも抵触しません。刻みながら走るという発想で、走り方が変わります。

ここを改善！

大会出場前に100キロ走らなくていい

いわゆる筋トレでは、走る筋肉は育たない

ランニングと並行して、筋トレをしている人をよく見かけます。しかし結論から言うと、純粋に筋力を鍛えるための筋トレは必要ありません。ランニングに必要な筋力のほとんどは、走ることで自然に身につくからです。

以前、私の大学駅伝部の後輩が、ランニングクリニックに遊びにきてくれました。そこで、ほぼ初体験だったというランニングマシンでは転んでしまい、リハビリなどに使うトレーニングマシンを試してもらうと、一般の男性がラクラクと持ち上げる重さをクリアできません。

そんな彼は箱根駅伝を走り、実業団に入った現役ランナー。しかし、いわゆる筋トレ的なトレーニングは一切行なっていないそうです。

「筋力は、筋肉の太さに比例」します。となると、あの細い足から生まれるエネルギー

は、筋力とイコールで結べないでしょう。

そこで、改めて考えたいのは、ランニングに求められる身体能力です。ランニングの動きを分析していくと、一番特徴的なのは、連続して跳ぶという動作。「飛ぶ」ではなく、「跳ぶ」です。**跳ぶ力こそが、ランニングに必要な筋力なのです。**

ところが、**腕立て伏せやスクワットなど、いわゆる「筋トレ」で行われるメニューには、跳ぶ動作はほとんどありません。鍛えられるのは、跳ぶ以前の筋力です。**基礎体力をつける意味では役立ちますが、筋肉の量の増加は重さにもつながります。

ただし、ランニングにもっとも必要な「跳ぶ筋力」「弾き出す筋力」となると、筋力不足の人が多いのも事実です。４章にランニングに必要な跳ぶ力をつけるための筋トレを紹介しましたので、ランニングと並行して行ってみてください。

ここを改善！

走る筋肉づくりのために筋トレしてはいけない

痛みは「冷やして治す」の大誤解！

ランナーの多くは、ランニング中に体の痛みを感じたことがあるかもしれません。ヒザや足首、腰といった関節のケースもあれば、ふくらはぎや太ももなどの筋肉を痛める場合もあるでしょう。

ケガや痛みを引き起こさない走り方を身につけることが理想ですが、現実にはどんなベテランランナーでも故障の可能性をゼロにすることはできません。

そこで、大切になってくるのが、違和感があった後の対応です。

一般的には患部を冷やすアイシングを含めた応急処置の基本として、RICE（ライス）が推奨されています。

・Rest（安静）
・Ice（冷却）
・Compression（圧迫）
・Elevation（挙上）

異変を感じたら、安静を保ち、患部を冷やし、圧迫しながら、心臓よりも高い位置に置く。「ＲＩＣＥ」は、この安静、冷却、圧迫、挙上の４つの単語の頭文字を取ったもの。打撲や捻挫など、スポーツで発生しやすいケガの多くに対応できる応急処置です。処置が迅速であればあるほど、ケガの回復は早くなるので、応急処置の方法としてＲＩＣＥは重要です。

しかし、その流れからか、**痛みがある場合には、「何でもかんでもすぐに冷やせばよい」という誤解が生まれている**ようです。

たとえば、腸脛靱帯炎《ちょうけいじんたいえん》。ヒザの横にある靱帯で、多くのランナーが違和感や痛みを訴えやすい部位です。

もしも、この腸脛靱帯が周辺の筋肉の緊張の高まりによって炎症を起こし、痛んでいるとしたら、アイシングをするよりも温めるほうがいい。

その方が筋肉がゆるみ、痛みも緩解するはずだからで、一概に冷やせばいいわけではありません。

もちろん、摩擦により、周辺組織を傷つけている場合もあります。それでも、緊張はゆるめた方がよいでしょう。


このように、ランニングでの痛みについて考える場合、解決法よりも、痛みの原因を探ることが重要です。

たとえば、走っている間にヒザ痛が起きたとします。

その日は走るのを止めて、患部へのアイシングを行い、翌日には痛みが引いていきました。数日、安静にした結果、屈伸をしても痛みがなくなったのでランニングを再開する……。

これで痛みへの対応としては十分ですか？

となると、とてもイエスとは言えません。

アイシングで炎症を抑え、一時的に痛みが去ったとしても、ヒザに同じストレスがかかれば再発します。そこで、再び走るのを止め……と繰り返しても、結果的には患部を悪化させるだけ。やはり原因を知った上での対応が欠かせないのです。

経験上、ランニングによるヒザ痛のケースでは、多くの場合、ヒザ以外の体の筋肉に遠因があります（もちろん、ケガや痛みの原因は個々それぞれですので、医療機関等の受診は欠かせません）。

応急処置としてのアイシングは必要ですが、その後は安静にしているだけではなく、筋肉をほぐすことが大切です。

そこで、ヒザ周りの筋肉をゆるめればいいのかと考え、屈伸やストレッチを入念に行う方もいますが、より重要なのはヒザ以外の筋肉です。

ランニングによるヒザ痛の原因は、患部に近い、太ももやふくらはぎをはじめ、股関節周辺、背筋、腹筋など、ランニングによって体全体の筋肉のテンションが高くなってしまったことにあります。

その結果、走りがギクシャクした動きになり、力みが生じます。それがヒザへの負担と変わり、痛みとなって表に出たと考えられるのです。

では、どう対応すればいいのか。

私のランニングクリニックでは、体全体を温めることを推奨しています。

お勧めしているのが「湯船でチェック」です。

20分は浸かっていられる程度の湯温で、じっくりと湯船に浸かります。すると、体が温まり、緊張が解けることで、痛みや違和感がなくなるケースも少なくありません。

ですから、痛みを感じる際は、時間がなくてもシャワーだけですませずに、なるべく湯船に浸かることです。

もちろん、その場合は冷やす必要はありません。

これは、日本の伝統的な治療法「湯治」の簡易版と考えると、分かりやすいでしょう。

本当に冷やすべき部分があれば、痛みが増して来ますので、そのときだけ、その部分だけをアイシングすればよいのです。

なによりも大切なのは、痛みを感じている患部を個別に治療するのではなく、体の動きとの関連について考えていくことです。

ここを改善！

「痛み」のすべてを冷やしてはいけない

Column 1

社会人こそ「回復」の時間を重視する

私が大学の駅伝部で練習していたときも、キツイ練習、刺激の強いポイント練習はだいたい週に3回。それ以外の日に行われるメニューは、積極的疲労回復のためのものでした。

一方、中学校、高校の部活の練習が連日キツイのは、成長期の特長を生かすためです。この時期の体は毎日、身長がミリ単位で伸びることがあるように、一晩寝るだけで超回復の時間になるほど変化していきます。

しかし、大人になった今、学生時代と同じ練習メニューで自分を追い込んでも、超回復は期待できません。負荷を減らし、刺激の強いポイント練習は週に1回あれば十分。それ以上走りたいときは、のんびりジョギングがお勧めです。じつは休むだけが休養ではありません。軽い運動には疲労回復効果があり、これを積極的疲労回復と呼びます。

とはいえ、毎日、同じ練習をしていると刺激がありません。過負荷にならないと、成長もありません。

仕事もプライベートも忙しい社会人にとって重要なのは、トレーニングの変化と休養。頑張ったなと感じる強度の練習の後、体が次にあなたの頑張りに応えてくれるのは、ある程度、回復してからです。

筋繊維を破壊して、埋め直す。この繰り返しが強くなっていく作業ですから、無理は禁物。大人だからこそ、回復の時間をしっかりと取ってあげることが大切です。

簡単に言うと、週の真ん中はリラックス目的の軽いジョギング。週末は距離やスピードを延ばす本格的な練習に取り組む、という形がいいでしょう。これならば短い時間、少ない距離でも十分な刺激になります。

第2章

走り出す前に、自分の体型・走りのクセを知っておこう！

―だから多くのランナーはムダな努力をしている！―

ラン、ジョグ、レース…3つの違いがわかりますか？

学校のマラソン大会でのツライ思い出、部活時代のシゴキ。無理なペースで走ることを強要された経験がある人ほど、「走ることはツライこと」というイメージを抱いているものです。

しかし、自分なりのペースで走るコツ、上手な体の使い方をつかめば、ランニングは気軽に楽しめるスポーツに変わります。

そこで気になるのが、現時点で自分がどのくらいの走力を持っているかということです。

巷では、ランナーを走りのレベルによって、遅い順から順にジョギング、ランニング、レーシングとカテゴリー分けされています。

「初心者が１回30分走れるようになったら、立派なジョガー」

そんなふうに定義することもあります。

尺度となるのは、タイムと距離。そして、頑張り……。

私はこうしたカテゴリー分けに疑問を感じています。同じ距離を速く走るからレーシングなのかというと、そうではありません。

人にはそれぞれ、持って生まれた能力があり、個性があります。重要なのは、タイムが速いか遅いか、長い距離を走ることができるかできないか、ではないのです。

その人自身が自分の体の特性を活かして走れているかどうか。

私はその一点で、ランニングの上級者か、中級者か、初心者かを測っています。

走ることのスキル、技術力を身につけた人は、タイムが遅くとも上級者です。逆にどれだけ速いタイムを出せる人でも、体の特性を活かしてなければ上級者とは言えません。

ところが、多くのランナーは自分でゆるやかなペースだからジョギング、今日は頑張っているからランニングと判断しています。そこに見え隠れするのは、体育の授業などで、追い立てられ、頑張るだけ、体力まかせで走ったマラソンの体験です。

皆さんには、頑張りに頼る力まかせのランニングではなく、自分に合ったランニングスキルを身につけて、走ることを楽しんでもらいたいと思っています。

そこで具体的なランニング練習に入る前に、どのように体を使うと効率的な走りができるのか。よい走りと何かについて、一緒に考えてみたいと思います。

走る動作のキモは「跳ぶ」感覚にある

私のランニングクリニックでは、よく参加ランナーの走りをビデオで撮影します。初めて自分の走りを動画で確認したランナーは、あることに気づきます。

それは、**走るという動作のポイントが〝跳ぶ〟ことにあるという点です。**


歩く動作と比べてみるとよくわかります。

歩く動作では、片足を振り出し前方へ着地させると、重心がともに移動。その反動で後ろ側の足が地面から離れる水平移動をしているイメージです。

一方、走る動作はと言うと、足を地面に着地させたときの反動、つまり地面からの反発力により、軸足が地面から離れる動き。一歩ごとにバネが縮んで伸びるイメージです。

この反発力を活かすように、やわらかく着地し、跳んでいるからこそ、スムーズに体が前に進んでいく。しかし、この事実に気づいて走っているランナーは、まだまだ少数派です。

それでもそれなりに走れてしまうのが、ランニングの罪なところ。

私たちが誰に教わらずとも走ることができるように、跳ぶことを意識しないままでも、体力があればある程度のペース、距離を越えることができます。

その結果、ほとんどのランナーがとにかく距離をかせぐ、毎日走るといった体力ばかりを一生懸命鍛える状態に陥っているのです。

しかし、持って生まれた体力に頼りきった走りには、いずれ限界がやってきます。タイムや距離が思うように伸びなくなり、時にはケガという形で表れてしまうでしょう。そうした壁を乗り越えるために、ケガを未然に防ぐために、私たちが身につけなければならないのが、ランニングスキル＝走る技術なのです。

ここではまず「跳ぶ」ことにフォーカスして話をすすめましょう。

ランニングを分析する際、私は足の状態を次のように分類しています。

- **ストライク：足が地面に接地する**
- **スタンス：足が地面に接地している**
- **キック：足が地面から離れ始める**

・ノンサポート：足が地面に触れていない

この一連の動作に力みがなく、なめらかに連続し、まるで「回転」しているかのような状態が、ランニングスキルの身についた走りです。体にストレスを溜め込まない、効率のよい走りと言えます。

しかし、ほとんどのランナーは足が「前後運動」になっていて、「回転」運動になっていません。なぜ一連の「回転」が行われないのかというと、それはノンサポートがつくれていない、いわゆる「跳べて」いないからです。

速いランナーほど、歩幅が広いというデータが出ていますが、これは「跳べて」いるから。逆に、跳べない前後運動のまま、スピードを上げ、走る距離を延ばすと、自分の体にストレスを溜め込む要因となります。

ですから、ランニングスキルを身につける第一歩として、私たちはまず「跳ぶ」ことに着手するべきなのです。

こうした技術は持って生まれたものではなく、後天的にいくらでも磨きをかけていくことができるので、安心してください。

初心者はウォーキングから始めてはいけない！

「跳ぶ」ことを意識し、身につけてもらう最適な練習メニューが、「ジャンプスキップ」です。「跳ぶ＝ジャンプ」ですから、先を急ぐような前に進むスキップではなく、より高く跳ぶように行い、「ジャンプ力」を身につけましょう。

ジャンプスキップは、跳ねるように前へ進みながら、両足が地面から離れる瞬間を無理なくつくり出せる動作。

この動きを繰り返すことで、跳ぶ感覚やタイミングといったスキルが身につくだけでなく、もも裏のハムストリングス、大腿二頭筋《だいたいにとうきん》、半膜様筋《はんまくようきん》など、坐骨《ざこつ》、股関節、脛《すね》に至るまでの筋肉を刺激。ランニングに必要な筋力も鍛えられていきます。

ジャンプスキップはこれからランニングを始める人、ないしはすでにランニングを始めた人にも効果的なトレーニングなのです。


よく「ランニング初心者はウォーキングから始めましょう」というアドバイスを聞きますが、跳ばずに頑張るウォーキングは〝歩くスキル〟と筋力を磨くだけ。

「跳ぶ」というポイントにフォーカスするためにも、初心者こそ、ジャンプスキップをトレーニングの始まりに導入していただきたいものです。


ジャンプスキップのトレーニングは「たかがスキップ」と思われがちですが、やってみると決してラクじゃないとわかります。

たとえば、皇居を2周、つまり10キロを休まずに走れるようになったランナーに、「一○○メートルのジャンプスキップを30本」という課題を出すと、練習後２〜３日の筋肉痛に襲われます。

これは、10キロを走るよりも、3キロのジャンプスキップの方が、体に大きな負荷を与えているためです。**その人がこれまで使ってこなかったランニングのために必要な筋肉が、ジャンプスキップの動作によって動くからです。**

普段、走ってばかりいる人にとっては、新しいメニューに取り組む楽しさがあり、また、全身運動であるジャンプスキップが体に新鮮な刺激を与えます。

これは「漸進性の法則」と言って、練習の量と質を少しずつ上げることで、効果が高まっていくというトレーニングの原則に合致。

結果として、ストライド(歩幅)が伸び、タイムが速くなることも期待できます。なぜなら、ジャンプスキップによって跳ぶ力はもちろん、瞬発力が上がり、力を出す方向が上手になるためです。

このスキルは、決してラクに身についたのではありません。出来ることをやるのではなく、「出来るように行う」。これが、ランニングスキルを身につける正しい練習の考え方なのです。

週1回のスキップ練習で走りのコツがつかめる

ジャンプスキップの練習を行う際に強く感じて欲しいのが、楽しげにやること。照れてしまって動きにぎこちなさが出てしまっては、いけません。

「跳ぶ」という動きを意識し、１回、１回のスキップをきちんと体で受け止め、ぴょんぴょんと跳び上がる動作を確認していきましょう。

大切なのは、**リズムやバネを感じ、「跳ぶ」イメージをつかむことです。**

「ジャンプスキップを通じて、走るリズムを身につけよう」がキャッチコピーです。

練習の強度については、個人の体型、体力によって異なってきますが、初心者であれば50メートルを30本が目安です。

このメニューを週１回、１か月で４回行えば、「自分の走りが変わってきた」という実感を得られるでしょう。

ポイントとなるのは、50メートルという距離にもあります。「50メートル×30本」という負荷が強すぎる場合は、距離を縮めるのではなく、本数を減らすようにしてください。

なぜなら、50メートルはていねいにスキップで進むと約30秒かかります。運動しながらの30秒を一息でクリアできる人はいないので、自然と有酸素運動になっていき、ランニングスキルや筋力に加えて、最大酸素摂取量を増やす効果も得られます。

これを10秒程度で走り切れてしまう距離に縮めてしまうと、有酸素運動になりにくく、トレーニングの効果が減少してしまうわけです。

30本、合計1500メートルをスキップで走ることできるようになれば、ランニングスキル、筋力、最大酸素摂取量が向上し、ランナーとして大きな一歩を踏み出した手応えを感じられるでしょう。

練習の頻度を週1回としているのは、回復のための休養期間を取るためです。

お気づきの通り、初心者にとって50メートル×30本はなかなかきついメニューと言えます。運動負荷を高めた時には、疲労した筋肉を回復させる時間を取ることが欠かせません。

「自分は短期間で効果を得たいから」

そう考える初心者の方が、50メートル×30本を週３回行った場合、一度に負担がかかりすぎて筋肉ないしは関節を痛める恐れがあります。

とはいえ、どのトレーニングも回数を繰り返すうちに慣れていくもの。キツさで言えば、１回目が最も苦しく、２回目には「あれ？」、３回目には「ラクになってきたかも？」と変わっていきます。

もし、50メートル×30本の負荷を軽く感じるようになったら、今度は１本当たりの距離を延ばしていきましょう。

目安としては、第１段階が50メートルならば、第２段階が80メートル　第３段階が１

00メートルです。

このように距離を延ばすことで最大酸素摂取量を増やせるので、脂肪燃焼が進み、筋力負担レベルが減っていきます。

すると、よりマラソン練習に近いシチュエーションとなり、体が長距離を走る運動負荷に耐えられる状態に変わっていきます。


トレーニングには「継続性の法則」という原則があります。

どのトレーニングも1回で効果が出るような即効性はありません。適度な間隔で繰り返し反復、継続することによって効果が得られるのです。

「継続は力なり」という言葉どおり、自分にあった負荷のメニューを一定期間続けていくことが重要です。スキップに関して言えば、3週間、3回の練習でも相応の手応えを感じられると思います。

じつはブレーキになっている着地の瞬間

ランニングスキルにとって重要なポイントは着地の瞬間です。しかし、多くのランナーはスキル不足から着地の瞬間、走りにブレーキをかけてしまい、前に進むエネルギーをロスしています。

ランニングの接地は大きく分けると、次の３つの動作になります。

・足が自分の体の前にある＝ストライク
・足が自分の体の真下にある＝スタンス
・足が自分の体の後ろにある＝キック

さらに、着地の瞬間、つま先からつくか、踵《かかと》からつくか、足裏全体でつくかなど細かな要素もありますが、いまはストライク、スタンス、キックに絞って話を進めます。

普段、歩いている時の動作を思い出してみると、このストライク、スタンス、キックの流れがよくわかります。

一歩前に踏み出し、着地。後ろ足が地面を離れ、一方の足は体の真下に。この動作を繰り返し、前に進んでいきます。

しかし、**長距離を走るランニングの場合、ストライク、つまり、着地で「ぐっ」と踏ん張る動作が、ブレーキになっているのです。**

私の考える**前に進む理想的な状態とは、ストライクがなく、スタンスとキックだけで推進力を維持する走り。着地によるブレーキの影響を受けずに、キックで生じた前に進むエネルギーをすべて活かしながら、走り続ける状態**です。

この状態で走りが安定し、一定の速度が出てくると、今度はキックもいらず、ほぼスタンスだけといった、エコカーのようなエネルギーロスのない走りも実現します。

自分の体の下で足が滑らかに回転し、全身のどこにもストレスが生じない走り。

接地には３段階の状態がある

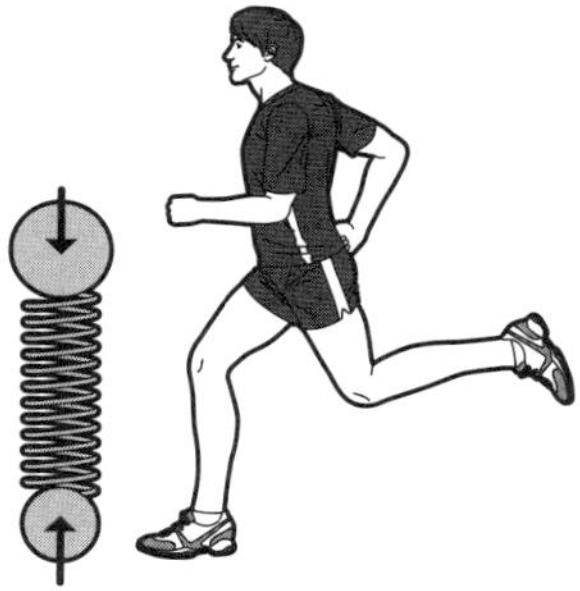

ストライク

足が地面につく瞬間。バネで例えると、地面との反発力でグッと縮まった状態。力みすぎると走りのブレーキになる。

スタンス

足が体の真下にある状態。ここで地面からの反発力を「跳ぶ」力に変える。バネが一気に伸びるイメージ。

キック

後ろ足が離れる瞬間。スタンスで生まれたバネの力を跳ぶ力として一気に放出するイメージ。太ももの裏で押し出し、ふくらはぎは力が抜けているのが理想。

この域に達するには、知力、技術力の面をかなり磨かなければなりませんが、トレーニングを通じて誰もが身につけることのできる走りでもあります。

といっても、慣れないうちは実感しにくいかもしれません。3章から紹介するトレーニングで徐々に身につけていきましょう。

着地が変われば、走りが変わる!

ブレーキのかからない走りのキーワードとなるのが、73ページでも説明した「回転」です。

着地で、**ぐっと踏ん張ることが前に進む推進力を弱めるブレーキになると言いましたが、その時、筋肉にはストレスがかかっています。**

ストライクの際、足を前に出し、着地。ぐっと踏ん張った瞬間、その足に重心がかかり、ふくらはぎや腿《もも》の筋肉が縮み、圧迫されます。逆に、キックの際には筋肉が伸びるわけです。

1回1回の動作で筋肉にかかるストレスはわずかですが、距離を延ばせば延ばすほど、疲労の蓄積は進みます。

すると、筋肉が固まり、ケガの遠因に。できるかぎり、ストレスのない状態をキープして走るためには、足を回転させるイメージで、スタンス、キックを繰り返すことです。

ところが、私たちの中には頑張ること、力むことが「懸命に走っている」と感じる信仰のような感覚があります。

ストライクで強く踏み込む。

踏ん張り、力強く蹴り出し、思い切り腕を振る。

言葉にするだけでも、懸命に走っている感じがします。

しかし、**こうした力み、頑張る動作は、すべて筋肉にとって急伸急縮になります。その繰り返しは、筋肉を固くするだけです。**

回転のイメージは、手こぎボートのオールで例えるとわかりやすいかもしれません。慣れない人が頑張り始めると、オールをボートの真横に出し、縦に下ろして、水を漕ぎ出します。

しかし、これは力み、頑張っている状態。オールの接水時間は短くなり、水面がぱちゃぱちゃと揺れる割には、推進力を得られません。

加えて、手首や腕の筋肉を急伸急縮させるため、疲れるのも早い。非常にロスの多い直接的な動きになっているわけです。

一方、漕ぐのがうまい人は、1回、背後までオールを持っていき、斜めに水面へ差し込み、大きく円を描くような動きで、ぐーっと手前に引き戻していきます。オールが水に入っている時間は長く、水面が波立つこともありません。

やわらくゆるむ、力を抜く時間があるからこそ、逆に推進力は増します。ランニングでもほどよく力を抜くことが大切です。

繰り返しになりますが、歩くことと走ることの大きな違いは、空中を飛んでいる時間にあります。

ボートで言えば、オールが水面を出て空中を移動している時間が、ランニングの空中を飛んでいる時間（ノンサポート）に当たります。オールが水中にないので、ボートは抵抗を受けずに前に進んでいきます。

同じく、時間にするとわずかな滞空時間ですが、スタンスの最中にも人の体はストレスを感じません。アクセルも踏まず、ブレーキもかけない状態。ゆるやかな坂道を進む自転車やスケートボードのように、なめらかに進むことができます。

このスタンスをうまく取り入れた足の運び＝回転運動がうまいのは子供たちです。ストライク、スタンス、キックを意識せず、本能のまま走っているから、スムーズにできてしまう。その代わり、自分の限界についても学んでいないので、子供たちは限界スピードを超えて走ってしまいます。

その結果、ごろんと転ぶ。あれは体型の限界を超えたスピードで走ったからです。

逆に言うと、そこまで加速できるのは回転運動がきれいにできている証拠。そこをヘンに意識をして、力み、頑張り、動きが直線的になっているのが大人たちです。

着地して＝ストライクして、すぐに蹴る＝キックすると、走りはドタバタとたどたどしいものになっていきます。

ストライク、キックの繰り返しになってしまう要因は、速く走りたい、前に進みたいと焦る気持ちに、体がついていっていないからです。

「少しでも前に」が歩幅を広くし、スタンスの衝撃を強くしてしまい、ブレーキがかかるから「速度を上げたい」とスタンスを捨てて、キックしてしまう。これが非効率な走りの仕組みなのです。

3つの数値で自分の体型タイプを判定

ここまで本書では何度なく「体型に合った」という表現を使ってきました。同じ顔、同じ考えの人がひとりとしていないように、体型もまた、人それぞれ。ランニングに理想のフォームがないと書いたのは、体型が異なれば、理想もまた異なるからです。

とはいえ、マンツーマンでアドバイスのできるランニングクリニックとは違い、書籍の中では、全員の体型に合わせたオーダーメードのランニングフォームの提案はできません。

そこで、本書では私が長年の経験から導き出した平均的な3つの体型から、それぞれに適した走り方について、アドバイスしていきたいと思います。

まず3つの体型の分け方ですが、これは非常にシンプル。図式化すると一目瞭然です。91ページのイラストと公式を見てください。簡略化したイラストですが、頭があり、体幹があり、足があり、チェックすべきポイントは脛《すね》、腿《もも》、胴の3か所。A・B・Cのうち、どの部分が相対的に長いかを公式にあてはめてチェックします。

それぞれの「長い」の判断基準は、股関節を中心に肩とくるぶしまでを測って、です。

〈診断結果〉

・Aが長い→脛が長い＝ピストン走法タイプ
・Bが長い→腿が長い＝ツイスト走法タイプ
・Cが長い→胴が長い＝スイング走法タイプ

頭を除いた体幹部分よりも股関節からくるぶしまでが長く、腿よりも脛が長いタイプは、ヒザを車のエンジンのピストン運動のように上下させる「ピストン走法」が向いています。足が長い分、力まかせに跳ぶよりも、大股にするだけでストライドが延びるタイプです。

頭を除く体幹と股関節から下がほぼ均等の長さで、脛よりも腿の長いタイプの人は、上半身と下半身をそれぞれ大きく振る「ツイスト走法」向きです。

自分の体型をチェックしてみよう

チェックポイントは脛、腿、胴の３か所。右のイラストを参考に、Ａ・Ｂ・Ｃの長さを測り、下の公式にあてはめてチェックします。

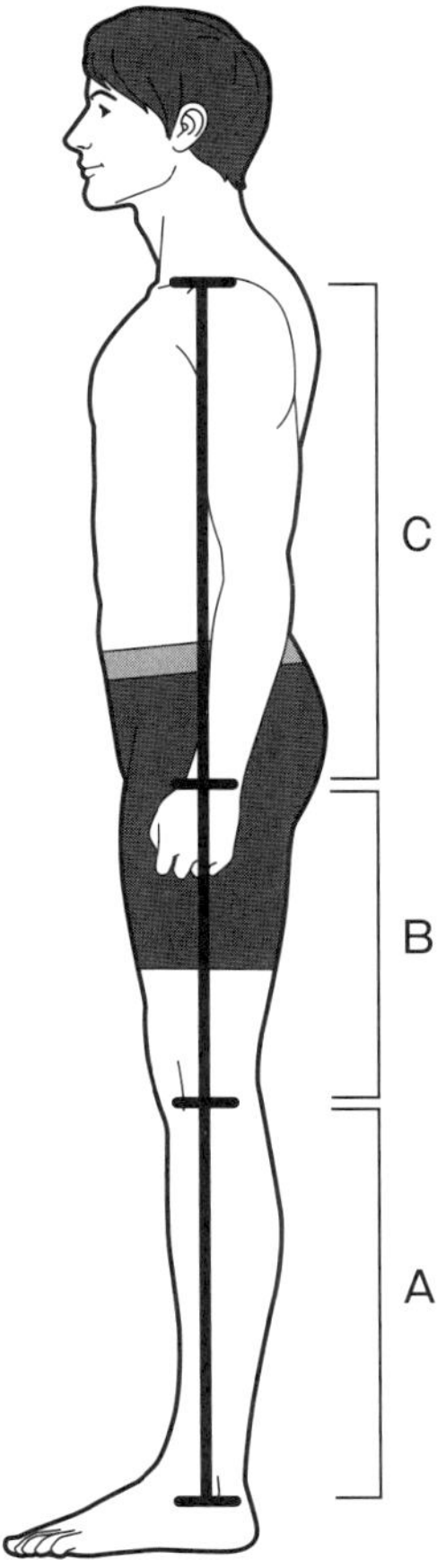

●Ｃ＜Ｂ＋Ａ（※Ｂ＜Ａ）
→脛が長い
＝ピストン走法タイプ

●Ｃ＝Ｂ＋Ａ（※Ｂ＞Ａ）
→腿が長い
＝ツイスト走法タイプ

●Ｃ＞Ｂ＋Ａ
→胴が長い
＝スイング走法タイプ

そして、頭を除いた体幹が股関節から下よりも長い人は、胴長で足全体を大きく振る「スイング走法」タイプ。このタイプの人は元々、歩幅が狭いので回転数やパワーで体を前に持っていく方法が向いています。

たとえば、腿が長いタイプの人が、背筋を伸ばして走ると、股関節からヒザまでが長いため、ヒザを上げ過ぎるフォームになります。

すると、どうなるのか。

ヒザが上がり過ぎるため、キックの度に体のバランスが崩れ、後方へ倒れるような力が働いてしまいます。後ろに引っ張られるわけですから、当然、前に進む推進力が失われていきます。

この問題を解決するためには、足の運びを腿の長い人向けに調整する必要があるのです。

３タイプの走り方にはそれぞれ特徴がある

ツイスト走法

上半身と下半身をそれぞれ別方向に捻りながら走るのが特徴。背中と肩周りの筋肉を使いエネルギーを生み出し、走る力に変える。

スイング走法

股関節から下を大きく振り子のように振って走る。足自体で前に進む力を生み出し、足で地面を掻きながら進む。

ピストン走法

脛部分が長いため、ヒザを上下させながら走る。もも裏の筋肉でエネルギーを生み出し、足裏に伝えて推進力にする。

こうした体型による違いを考えにいれず、巷でよく言われる正しいフォームに固執すると力みが生じます。

ママチャリとシティサイクルとロードレーサーでは、ラクに走ることのできる速度が違います。人間の体でも同様です。どの体型が走るのに優れているかという問題ではなく、それぞれの体型によって、快適な走り方、速度があるということです。

その快適なスピードを頑張りで越えたとしても、長続きしません。

その人その人が持っているスピード。「楽に走るにはこのくらいだ」というスピードを持続しながら、スピードを上げていくランニングスキルを磨くことが、ケガのないランニングフルマラソン感想への近道になります。

自分が一番ラクな状態。いい走り方を覚えて、そこから距離を延ばしていけば、確実に走りが変わります。そのためにもまずは自分の体型を知り、その体型に合った走り方のスキルを身につけていくこと。

体力勝負の頑張りに頼る、フォームにこだわるのは、もうやめにしましょう。

ヘタに腕を振るなら、振らないほうがまし！

足の「回転」に合わせて、腕の「回転」である腕の振り方についても触れておきましょう。

といっても私が提案するのは、従来型の振り方とはまったく別物。どちらかというと「手を回す」感覚に近いものです。

私自身、**ランニングの起点はじつは「手」にある**と考えています。

前述した通り、体の中で腕は空中に浮いた特殊な部位。動かし方のポイントを理解していないと、走りのブレーキになります。

たとえば、**体型に合わない方法で腕を振ってしまうと、体全体がブレてしまわないよう、どうしても体幹に力が入ることに。するど、腕の動き、足の振り、それぞれがバラ**

バラになってしまい、運動の連動性が失われてしまいます。

本来であれば、手と腕の動きが体幹を通じて足の振りにつながり、足の振りが体幹を通じて腕の動きにつながる。この連動がスムーズであればあるほど、前へ進む推進力が増していきます。

こうした連動を専門家は「運動連鎖＝Kinetic Chain」と呼んでいます。言体は全部つながっていて、一部分を動かすと、連鎖反応のように、体全体に波及していくという理論です。

一見、難しそうに思えるかもしれませんが、実際にやってみるとよくわかります。まず、走りながら実際に手を回し、体が連動する感覚を感じ取ってみましょう。

たとえば、次のような3つの方法で、走りながら手を回してみます。

・車輪回し：手を電車ごっこの車輪のように回す（矢状面）
・石臼回し：手を石臼を挽くように回す（水平面）
・舵取り回し：手を舟の舵をとるように回す（前額面）

３タイプの手の回し方

車輪回し

電車ごっこの車輪の動きのようなイメージ。通常、腕は前後に振っていることが多いが、前後ではなく、縦に円を描くように手を回す。

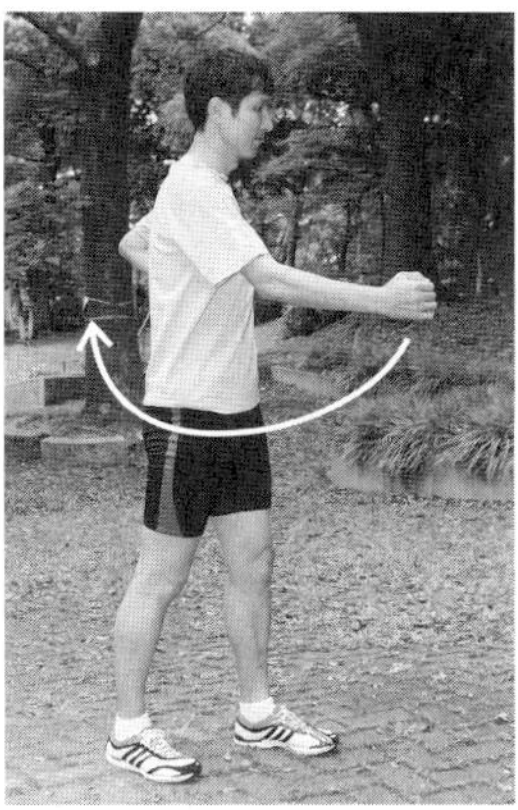

石臼回し

石臼を引くようなイメージ。左右の手をそれぞれ外側から内側へと水平に回す。

舵取り回し

体の前面で左右それぞれの手を上から下に回すイメージ。

それぞれ、どんな感覚がありましたか？

体の力みなく、手から、胸周り、腰、股関節、足へと連動している感じがしたら大成功。その回し方が自分の体に合っている証拠です。

それ以外のものは、体がふらついたり、足がもつれたりしますので、すぐに分かります。

そこでまた、今までの腕振りに戻してみましょう。

すると、いかに頑張っていたのかを感じませんか？

もし、体型に合わない腕の振り方をした場合、連動を壊し、走りにブレーキをかけます。**私に言わせれば、手の回し方、腕の動かし方についての知識を得ていないのであれば、むしろ腕など振らずに走った方が、走りの邪魔になりません。**

そこで、**ランナーの皆さんへのアドバイスとしては、腕を動かそうと考えず、体のバランスを取るために「手を回す」イメージを持つことをお勧めします。最初は手を下に降ろし、体の動きに合わせ、肩を動かすだけでも十分です。**

雑誌などで紹介されている、かっこいい理想のフォームからほど遠いかもしれませんが、体を前に運ぶという動作を感じ取るには、不用意に腕を振らないことがプラスに働きます。

そして、ある程度ランニングスキルが身についてから、手を回し、リズムを取ることにチャレンジしていきましょう。この段階になると、体型に合わせた手の回し方、腕の動かし方を行った分だけ、前に進む推進力が得られるようになっていきます。

腕の動かし方も体型によって違いがある

ここでまた実験です。たとえば、腕を腰のあたりで組んで、足だけで走ってみてください。

非常に走りづらく、疲れませんか。つまり、走るという動作を足だけ行うのは非効率で、体幹のひねりと腕の振りと連動して始めて、スムーズに前へ進むことができるということです。

私は、前述したキネティックチェーンの理論を昇華させ、「KCC：Kinetic Chain Control（キネティックチェーンコントロール）」という技法を考案しました。この理論を活用すれば、「誰でも難しいことを考えなくても、マネをするだけで、目的の動きを身につけること」ができます。

このキネティックチェーンコントロールの発想でランニングを考えていくと、足の運びと同じく大切なのが、腕の振り、つまり、手の動きです。手回しから足の運びが連鎖することで、効率的な走りになっていきます。

すでに95ページで腕の振りについて解説しましたが、ここではもう一歩踏み込み、3

つの体型別に適した手の回し方について紹介していきたいと思います。

・脛が長い＝ピストン走法タイプ→車輪回し
・腿が長い＝ツイスト走法タイプ→舵取り回し
・胴が長い＝スイング走法タイプ→石臼回し

このように、3タイプでは体型に合った手の回し方がそれぞれに異なります。

例えば、**ピストン走法タイプに適した手回しは、前後です。トップランナーで言えば、重友梨佐さん。**手を前後に回すことで、ヒジが連動し、前へ進む力が増していきます。

また、**腿が長いツイスト走法の人は、肩から腕を横に振るのが合っています。**特に意識したいのは、手の動き。

この**ツイスト走法のトップランナーは、堀端宏行さん**です。体の前で手を上下に回していくことで、ヒジや肩甲骨にも伝わり、さらには体幹を通じて股関節、足へと運動が連鎖していきます。

そして、**スイング走法のタイプに適した手回しは、横方向。これをやっているトップランナーは、藤原新さん。**手を左右に振るスイングが、力になります。

腕の振りというと、ヒジや肩甲骨を意識するというアドバイスを聞きますが、キネティックチェーンコントロールの考え方から言うと、体の先端部分からである手から順に動かしていくことが重要です。

エネルギーが手からヒジ、肩、肩甲骨、体幹、骨盤、股関節、足へと伝わっていく。つまり、ランニングのスタート地点は手にあると言っても過言ではありません。

キネティックチェーンコントロールを実現できているかどうかの基準は、明確なものではありません。理想の腕の振り方が決まっているわけではなく、自分の中で違和感がないかどうかが重要です。

自分の体型は胴長のスイング走法タイプだと見立て、腕を横方向に振って走ってみたとしましょう。手から足まで運動連鎖が起きていて、力を伝えながら走ることができているかどうかの判断は、本人の感覚に委ねられます。正解は客観性の中にはありません。

「今、余計な力みなく走ることができている……」

そう感じられたら、その腕の振りがあなたの体に適しているということです。主観を信じることが、自分らしいランニングを形作っていく第一歩になります。

つま先or踵、どっちが先？ 体型と着地の意外な関係

腕の振り方に続き、体型別の着地の仕方についても考えてみましょう。

通常、ランナーは着地の時、つま先か、踵《かかと》か、足裏全体で地面を捉えています。このうち、最近のランニング理論では「前傾姿勢を保つことができ、エネルギーロスが少ない」として、つま先着地が推奨されています。

しかし、私の考えでは、どうしても1種類のやり方がすばらしいとは言えません。足の長さひとつをとっても一人ひとりが違うのですから、やはり着地方法にも「それぞれ

の体型に適したやり方がある」と考えるのが自然ではないでしょうか。

結論から言うと、こうなります。

・ピストン走法タイプ→フラット着地：足の裏全体で着地する
・ツイスト走法タイプ→トゥ着地：つま先から地面に着地する
・スイング走法タイプ→ヒール着地：踵から地面に着地する

ピストン走法に適した着地方法は、クロスカントリースキーのようなイメージです。足が長いので、つま先から着こうとすると足首で微調整しなければならず、ムダな力がかかり、走りにロスが生じます。それよりもフラットに足の裏をついて、少し跳び上がるような感じでキックにつなげます。

また、踵着地で走った場合、着地の衝撃がふくらはぎに伝わり、走るうちに筋肉が固くなってしまいます。

ツイスト走法の人は、体を捻《ひね》りながら走っているので、着地時、足が少し斜め方向から地面を捉えます。すると、自然につま先が先に着き、前傾姿勢となるので、強くキックは必要ありません。前向きの力を利用し、スタンスのまま進むようなイメージで体を運んでいきましょう。

スイング走法の人は、股関節から下を大きく振って走っていきます。そのため「スイング走法」と言えるのですが、足の運びの関係からつま先が上に向くので、着地は踵から。しっかりと地面を捉え、ぐっと蹴り出すことで前へ向かうエネルギーが生まれます。

そして、着地の仕方によって使う筋肉も変わってきます。

たとえば、**ツイスト走法の場合、上体を捻って走る傾向があるので、背中と肩周りの筋肉が重要**になってきます。背中と肩周りで生まれたエネルギーが連鎖し、足に伝わって走っています。

つまり、**ツイスト走法の人の走りの起点は背中と肩周りにあるわけです。**

逆に、胴の長いスイング走法の人は、足で地面を掻《か》きながら進む力が強いので、それをそのまま活かしたい。力の起点は、足です。一般的な特徴としてはふくらはぎが大きく発達しています。

そして、**ピストン走法の人はもも裏のハムストリングスが起点**となります。上体はまっすぐのまま、ハムストリングで発生させたエネルギーをそのまま足の裏に伝え、地面を押すようなイメージです。

どの体型にも共通してくるポイントは、着地の衝撃を〝バネ〟の力としてどう活かすか。そのエネルギーをどうやってロスなく放出するかです。

今紹介した力の起点が、それぞれバネの発生源になります。着地からキックへの動作は、そのエネルギーを放出する瞬間です。

木を切り倒す時、斧を入れた方向に倒れてきます。

同じように、体にも体型によって傾きやすい角度があります。**体型別に適した足の着き方が違うのは、この傾きやすい角度に合わせて地面を捉えましょう、ということ。傾きやすい角度に体を向けてあげれば、発生したエネルギーはロスなく放出されます。**

体の自然な動きに逆らえば、力みにもつながります。

つまり、誰もがもっとラクに走ることのできる方法があるのに、異なる理想のフォームを追いかけ、無理しているということ。わざわざ傾きにくい角度で着地しているから、ロスが生じるわけです。

ここまで足の着地から腕の振り方まで、体型に照らし合わせた最適な方法を紹介してきました。あまりにもそれらを意識して、逆に力んでしまうようでは本末転倒ですが、いままでの効率の悪い走りは、ちょっとしたことで効率のよい走りに変わる可能性を秘めています。まずは少しずつ取り入れてみてください。

ラクして速くなる「やわらか走」の極意

もっと自然にラクをすればいい。やわらかく体を運べばいい。

私は自分の体型に逆らわない走り方を「やわらか走」と呼んでいます。

「やわらか走」と聞くと、力の抜けた頼りない走り方のように思うかもしれませんが、そのイメージはほぼ正解です。

重要なのは、頑張らず、力まないこと。「ついた足を乗り越える」くらいのイメージです。

頑張りや力みは、必ず筋肉の固さを生み出します。

そして、固くなった筋肉が賄《まかな》うことのできなくなった仕事は、他の部位が背負うことになります。

その結果、疲労が蓄積し、固さが広がると、足が攣《つ》る状態や筋肉と筋肉をつなぐ関節の痛みとなって表れます。

もし、皆さんの目指す走りが、急加速して一気に走り切る必要がある100メートル走のためのものならば、私は「やわらか走」を勧めません。全力でのダッシュが必要で、トップスピードのまま駆け抜ける以上、頑張りや力みが生み出す加速が不可欠だからです。

しかし、ランニングやその延長線上にあるマラソンでは、短距離走と走り方が大きく異なるのも当然です。

体を大きく上下に揺らし、瞬間的なエネルギーを生み出す短距離ランナーに比べて、長距離のランナーは上下のブレなく、すーっと走っているように見えます。それは無理のない、ロスのない走りこそ、マラソンを走り切る秘訣だからです。

だからこそ、体型にあった走り方を身につけ、体にストレスを溜めず、できるだけ固い部分をつくらず、受け流すように前へ進んでいく。体にかかるストレスをやわらかく逃がしてあげる。それが、「やわらか走」のイメージです。

そして、そんな「やわらか走」のコツは、誰もが本能的に知っています。

というのは、走っていて一番苦しい時の走り方に、体にストレスを溜めないヒントがあるからです。

じつは誰もがつらくなったとき、苦しいときには、自分の体が一番ラクなフォームで走ろうとします。

例えば、腿の長いツイスト走法の人は、猫背の姿勢で顔はやや下向きに。上体が丸まることで、つま先での着地がスムーズになって、ロスが減っていきます。

一方、胴長のスイング走法の人は顎《あご》が前にでて、少し上向き加減に。一見、パクパクと息苦しそうに見えますが、上体が起きることで重心が安定します。

脛の長いピストン走法の人は、歩幅が小さくなり、直立不動でちょこちょことまっすぐ前を向きながら走るようになります。なぜなら、足が長い分、胴が短いので、足の振りが大きいと体が揺れてしまうからです。疲れてきて余力がなくなったことで、ムダな足振りがなくなっていくわけです。

もちろん、猫背のままや顎を突き出したまま、あるいは直立不動のまま走り続けることが正解ではありません。

しかし、**力が抜けた「やわらか走」のヒントは、ここにあります。疲れたときにいわゆる理想のフォーム像から崩れてしまう部分こそ、普段、エネルギーのロスが生じやすい部位なのです。**

例えば、腿が長い体型の人にとっては、足を大きく振り上げること自体がエネルギーロス。持ち上げることにエネルギーを使うことよりも、体の捻りを使って、足を斜めに下ろしていく方が前に進む推進力を得ることができます。

正しいとされるフォームを真似して走ると、腕を振り、大股で堂々としたフォームに見えますが、実際は前に進む以外のところで大きくエネルギーを消費している。持ち上げるエネルギーを前に行くエネルギーに変えた方がいいということです。

こうした点を意識しながら、体型に合った走りを身につけていきましょう。

力まず、頑張らずいることが結果的には、ロスなく、ケガなく走ることにつながる。

続く3章では、そんな「やわらか走」の考え方をベースに、速く走る、長く走る、具体的なトレーニングの方法について解説していきます。

すでにランニング経験を積んだランナーの皆さんも体型に合った走りを通して、新たな気づきを見出すことができるはずです。

Column 2

耳でわかる速いランナーの共通点

ある日の夜、私が神宮外苑をランニングしていると、背後から別のランナーの呼吸音が聞こえてきました。徐々に近づく気配に、心の中で「負けねぇぞ」と呟《つぶや》き、ペースアップ。

ところが、そのランナーはすーっと接近し、そのまま足音も立てずに私を抜いていきました。驚きながら横顔を見ると、なんと数日後に東京国際女子マラソンを控えた日本人女子のトップランナーでした。

その時、改めて感じたのは、「やっぱりトップランナーは足音がしないな」ということ。

私が駒澤大学の陸上競技部にいた頃も、箱根駅伝の選手に選抜されるようなトップ選手ほど足音がしませんでした。現役時代、ケガに悩まされていた私は、今思うとバタバタと走っていたように思います。

なぜ、足音がするかというと、それはストライク＝ブレーキの部分が多いからです。

「軸がブレないように、着地時間は短くしよう」「胸を張ろう、腕を振ろう」「決まりきった正しいフォームとはこうだ」と意識しているランナーほど、力みが生じ、走りがバタバタします。おもしろいもので、本当に足音はさまざま。ただし、速い人はたいてい静かです。コマを回した時、速くなればなるほど、ブレがなく「回っているの？」という感じがするようなイメージです。

走ってみて、ぱちんぱちん、ドタドタ、バタバタと音がする人は、要注意です。体の中に力みがあり、走りながらどこかにストレスを溜めている証拠。その結果、ダメージを受けやすいのはヒザの横にある腸脛靱帯。自覚症状のある方は、体型に合った走り方について再チェックしてみてください。

第3章
無理なくどんどん距離を延ばすトレーニング3ステップ
―短時間で成果につなげる内容・回数・頻度とは？―

「快適な走り」に努力はいらない！

ではこの章から具体的なトレーニング方法について解説します。皆さんにやっていただきたいのは、以下の3つです。

1．**基礎練習……ジャンプスキップ**
（50メートル×30本。週1回で3週間の継続が目安）
→力まない足の使い方をマスターする

2．**スピード練習……体型別ドリル**（週1回で3週間の継続が目安）
→体の機能性を高めて、ラクに走れるようになる。

3．距離練習……「細胞分裂走」（週1回で3週間の継続が目安）
↓しっかり走り切れる距離を延ばしていく。

それぞれ週に1回×3週間ずつ、「1」↓「2」↓「3」の順に行います。

自分の中で足りないなと感じている部分があるなら、その練習を続ける期間を3週間ではなく、4週間、5週間と延ばしていきましょう。

例えばスピード練習と距離練習など、一度に複数行わないこと。やるべき1種目に集中して取り組みます。

2章でも取り上げましたが、ジャンプスキップは「跳ぶ」というランニングの基本動作を身につけるために効果の高いトレーニング方法です。

ストライク、スタンス、キックのうち、ジャンプスキップの足の運びは着地がふわりとやわらかく、その後、ポンッと伸び上がるイメージです。つまり、スタンス、キックの連続の動きであり、これが長距離を走るリズムのベースになります。

前書きで紹介したエピソードのように、私はランニングクリニックにやってきたランナーの皆さんにジャンプスキップを勧め、中でもランニング初心者の方には「片足スキップ」を推奨しています。

これは右足だけずっとスキップし、左足は添えておく。終わったら左足だけでスキップし、右足を添えておくというもの。

なぜ片足かというと、最初は皆さん、脚力、持久力が足りないからです。走れているようで、自分の体を支えることすらできていない。

そこで、もう一方の足をサポート役にしながら足の運びを身につけ、同時に筋力を養っていくわけです。

ある**一時期だけもいいので、地道な練習によって、体に基本の運びを覚えさせること。**

これは将来に向けて末永くランニングを楽しむために、とても大切な準備になります。

誰にも「今の時期だからこそ、必要な準備」があるのです。

ところが、多くの人は土台づくりに多くの時間を割くことなく、新しい服を買うように新しいフォームを取り入れようと試み、どこかに痛みを感じると車の故障箇所を直すように「ここがよくない」と正していってしまう。

一般の方がまず正すべきは、ストライクとキックばかりになりがちな足の運び。これをジャンプスキップで修正していきましょう。

「走る」ための筋力は3週間で育つ

ジャンプスキップという一般的には風変わりなトレーニングをお勧めすると、走りたい気持ちでいっぱいのクリニックに参加するランナーの皆さんから、こんな質問を受けることになります。

「ジャンプスキップとか、走るための動作を身につけるトレーニングは、どの程度の期間続けていけばいいんですか？」

もちろん、個人差はありますが、ひとつの目安となるのは、週1回行ったとして3週間です。

1章で紹介したように、ヘモグロビンの変化には3か月必要ですが、筋肉はより速く成長します。

スキップでスタンスとキックに重点を置いた足の運びを反復していくと、初週はハムストリングやふくらはぎに強い筋肉痛を感じるはずです。

その**刺激と負荷が、「過負荷の法則」に従って筋肉の成長へと変わっていくのに必要な期間。それが最短で3週間なのです。**

今まで使っていなかった筋肉を動かし、筋力を養うことで、体型に合った走りを実現していく。

この3週間が重視するのは、何分で走ったというタイムや何キロ走ったという距離といった数字ではなく、体にどういう負荷をかけ、足の運びを始めとする動作を染みこませるか。トレーニングのキモはそこにあります。

そして、「片足スキップ」で筋肉痛を感じなくなった頃に、スピード練習へと移行していく。〝伸び〟を感じた時期にトレーニングメニューを変化させ、新たな刺激を与えるわけです。

そうやって走るという動作を体に染み込ませ、気づくとランナー体型になっているのが理想です。

作用としては、どこかが痛いからどこかを鍛えるとか、伸ばすとか、揉んであげるではなくて、その人の体型なりのランナー体型へとトランスフォームしていくようなイメージです。

鼻呼吸で現時点での適正ペースがわかる

基礎練習（ジャンプスキップ）を3週間行ったら、次にスピード練習（体型別ドリル）に取りかかりますが、その前に。ランニングの適切なペースや呼吸法について、知っておいて欲しいと思います。

巷には、「1キロ5分、3キロ15分を目指す」「フルマラソンを4時間30分での完走を目標に。1キロ6分ペースを目指す」など、さまざまな情報が溢れています。

しかし、適切なランニングのペースは人それぞれ。

一番やってはいけないのは「1キロ4分」というように、タイムで区切って、走りを合わせていく方法です。


ランナーには一人ひとりの持ちスピードがあり、このくらいのペースで走るのが一番ラクという適正速度があります。それは骨格や筋力、瞬発力によって変わってきます。

また、トレーニングを進めるうちに最大酸素摂取量が増え、ラクに走れるようになるので、同じ鼻呼吸の「ふんふん」のペースでも、走る速度は上がります。

では、自分なりの基準となる走りのペースをどうやって見つければいいのか。自分の現時点での持ちスピードはどの程度なのでしょうか。

その答えも鼻呼吸にあります。簡単に確かめられる意外な方法を紹介しましょう。

まず、鼻呼吸で４００メートルを走ってみます。その際、どんどん速度を上げていくこと。

すると最後には呼吸が苦しくなって口が開いてしまうのですが、開く直前のペース。最大酸素摂取量の50％前後の走りが、現時点でのあなたの適性速度（体に過度な負担をかけずに走れるレベルのこと）となります。

鼻呼吸の話題が出たところで、ランニング中の呼吸のしくみについても解説したいと思います。

基本的に、鼻から吸うと胸式呼吸になり、口から吸うと腹式呼吸になります。

どちらかの呼吸がランニング向きということはありませんが、鼻から吸う胸式呼吸の方が肺に入る空気の湿度が上がる分、体にやさしいと言えます。また適正ペースを守れているかの基準にもなります。

とはいえ、本人にとっての適正ペース以上で走っていると、鼻呼吸では苦しくなり、自然と口での呼吸に変わっていきます。

これはより多くの酸素を取り入れたいからで、自然なことです。肺という臓器は言わばビニール袋のようなもので、それ自体が動くわけではありません。肺の収縮は周囲の筋肉によるものです。

口から吸う腹式呼吸になると、肺の下部にある横隔膜が動くので、肺も大きく伸び縮みすることができます。単純な仕組みですが、たくさんの空気が肺に入り、出ていけばその分、血中に酸素が取り込まれる量、酸素摂取量も増えていきます。

一般的にランニングの際によいとされている「吸って、吸って、吐いて、吐いて」というリズムには、肺の中の圧を上げるという狙いがあります。「口から吸って鼻から吐く」のも同じ効果を期待してのこと。

走りながら鼻で呼吸をするのは苦しいものです。しかし、それでも練度の高いランナーは、苦しさを受け止めて走ります。なぜなら、体は強い負荷をかけることで、ツラさに慣れていき、走りの質が高まることを知っているからです。

皆さんもトレーニング時だけでも鼻呼吸で走れるよう、挑戦してみましょう。

走れる距離がグングン延びる「細胞分裂走」とは？

ペースと並んでトレーニングのための基準となるのが、走れる距離です。

先ほど、「鼻呼吸で４００メートルを走り、口が開いてしまうところまで速度を上げてみてください。苦しさを感じて、口を大きく開く直前のペース。それが現時点でのあなたのランニングの適性速度となります」と書きました。

この適正速度がわかると、「自分がどれくらい走れるのかな？」という目安も知ることができます。

まず、ぎりぎり鼻呼吸できるペース（最大酸素摂取量50％）で、走れるだけ走ってみます。５キロなら5キロ、10分なら10分走れたら、それが適正距離になります。

この適正距離を基準にして、さらに走れる距離を延ばす方法が「細胞分裂走」です。

これは、１章でも紹介した方法で、気づくと走れる距離が延びているウソのようなトレーニングです。

まず、自分にとっての適性距離（もしくは走れた時間でもＯＫ）を二分割します。

例えば、休まず走り切れる適性距離が5キロのランナーなら、2・5キロ＋2・5キロ、10分なら5分と5分に二分割。そして、2・5キロないし、5分走ったところで、1分から1分半の休憩を挟みます。

その後、呼吸が整ったら再び残り2・5キロを走ります。

すると、休んだことで体が回復するため、分割後の走れる距離を少し延ばすことができます。本来なら2・5キロだったはずが、3キロないしは3・5キロに。5分のはずが、5分半、6分に。このプラスαの伸びが、成長のチャンスです。

もし、2・5キロ＋3・5キロで6キロ走れたら、翌週の練習では、6キロを2キロずつ3分割。

そして、3分割目の2キロの距離を延ばしていくわけです。この方法を繰り返すと、するすると総走行距離、総走行時間が増していきます。

細胞分裂走のやり方1

まず総走行距離を延ばす

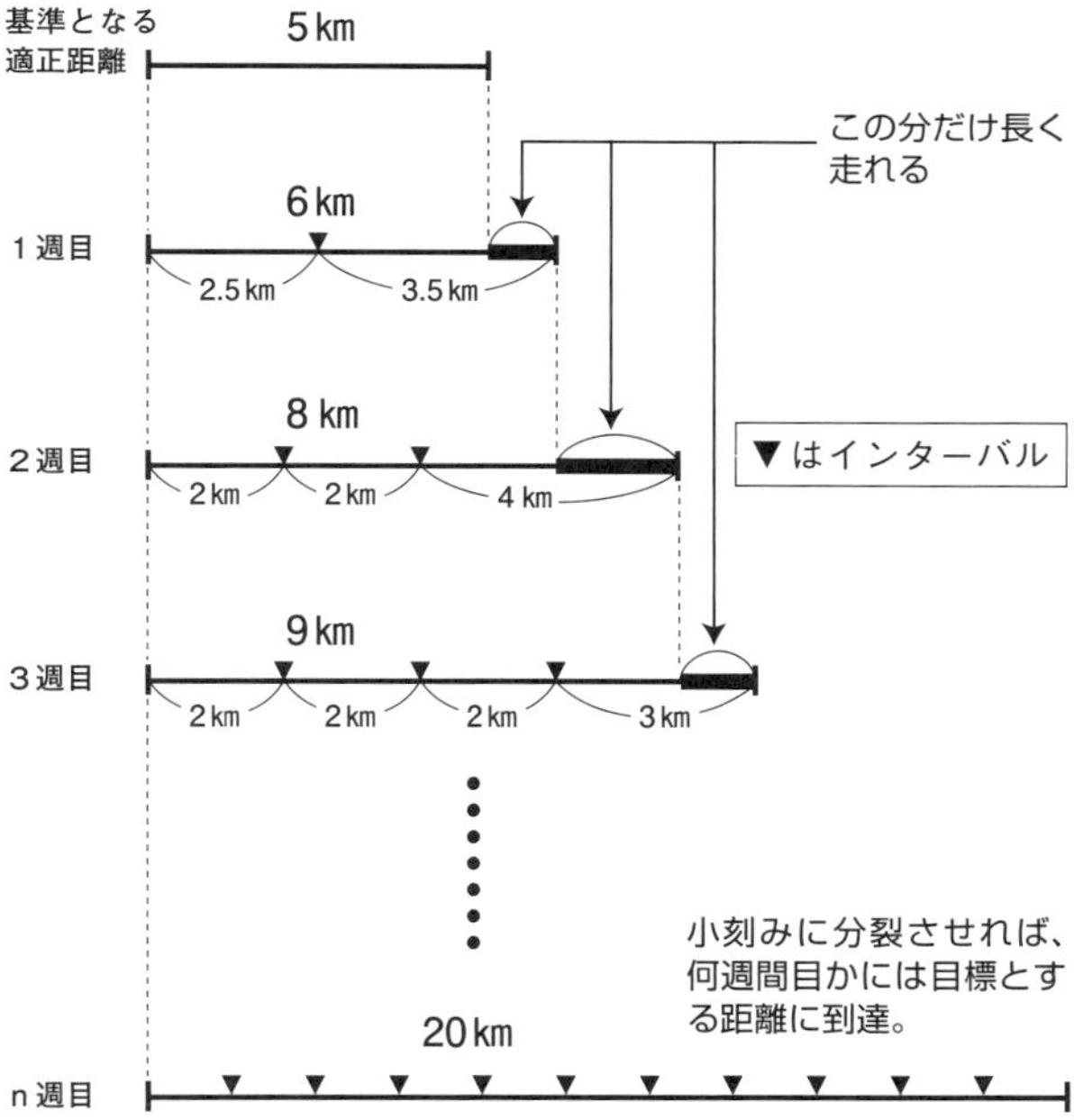

5キロしか走れないランナーが20キロ完走を目指す場合をシミュレーション。1週間ごとにインターバルの回数は増えるが、総走行距離は延びていく。1単位あたりの距離は1週目に分裂させた距離ぐらいにするのが目安。

← 131ページに続きます

自分が走ることのできる限界を基準にしているので、無理なく距離や時間を管理でき、しっかりと達成感を感じながら走ることができます。

そして、最終的には自分が出たいと考えている目的の大会の距離まで延ばしていくわけです。

「インターバル」に距離を延ばす秘密がある

なぜ、休憩を入れた後は長く走ることができるのでしょうか。

答えは単純なことで、体の機能がバージョンアップするからです。

1回目に走った後の体は、一時的に筋肉がゆるむことで、エネルギーが循環しやすくなっています。

よりトレーニングを積んでいけば、走りながら体をゆるませ、エネルギーを循環させることもできるようになりますが、このレベルのランニングスキルを身につけられるのは、かなり先のこと。まずは座ってしまってもいいので、しっかりと休憩を取り、筋肉をゆるめ、呼吸を整えましょう。

ただし、そのためには**インターバルの間は、必ず立ち止まってください。たとえ、ゆっくりでも苦しい状態で歩くというのは、頑張る行為につながります。筋肉に苦しい動きを強いている以上、力んでしまい、ゆるみません。**

重要なポイントは、2・5キロなら2・5キロを自分の適性スピードでしっかりと走り切ること。その上で、インターバルを取ることが次に走り出すエネルギーを生み出してくれるのです。

その結果、最初は5キロまでしか走れなかった人が、2分割で2・5キロ＋3・5キロで総距離が6キロとなり、次の週には6キロを3分割し、2キロ＋2キロ＋4キロで、総距離が8キロというふうに延びていきます。

そして、**インターバルを入れながら目的の距離、10キロならば10キロに達したら、今度はインターバルを入れる回数を減らしていきます。**

ここがまた「細胞分裂走」のスゴイところなのですが、**細かく刻んでいくことで、総距離を延ばす。次に逆行することで同じ距離を以前より少ない休憩で走れるようになるのです。**

10キロ走るのに4回インターバルを挟んでいたのなら、1回あたりの走る距離なり、時間を延ばし、休憩の回数を3回、2回、1回と減らしていきます。すると最終的に休みなく、目標の距離を走ることができるようになります。

つまり、細かく刻んでいくことで、総距離を延ばし、次に1回の距離を延ばしていく。これがケガの原因になるような負荷なく、距離を延ばしていける方法です。

しかも、すべてのセットを質の高い走りで走り切っているわけですから、体の機能も高まっていきます。

これまで私がクリニックのランナーの皆さんを見てきた傾向ですと、インターバルなしで走り切れる距離がハーフまで延びれば、フルマラソンは遠からず完走できるようになります。

細胞分裂走のやり方2

次に1回で走れる距離を延ばす

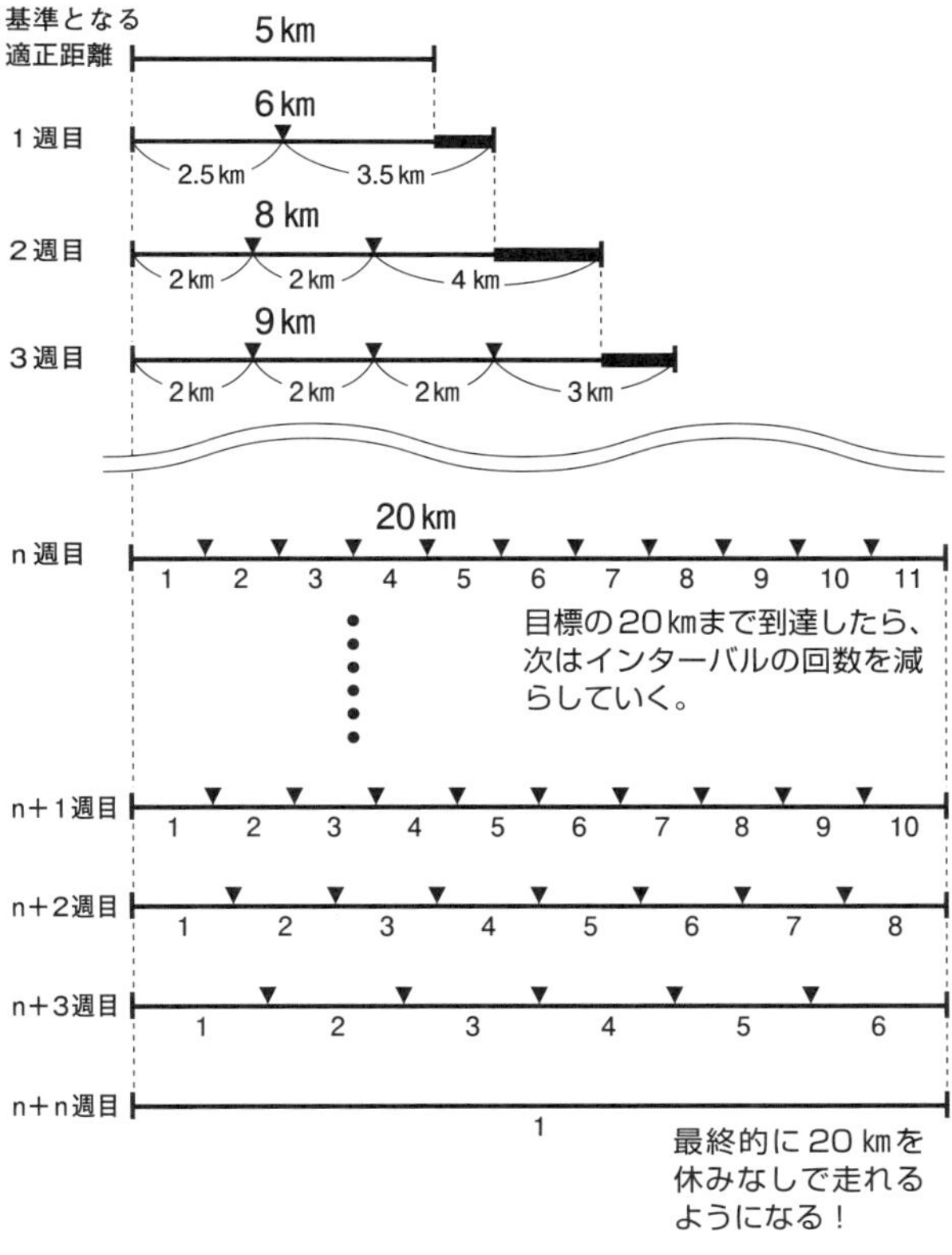

目標の20キロを11分割で走れた場合、翌週は10分割、さらにその翌週は8分割と休む回数を減らしていく。1回ずつでも一気に2回減らしてもOK。当日の調子に合わせてフレキシブルに。

トレーニングは量より質を上げてこそ！

私のイメージでは「距離練習」として、この細胞分裂走を1週間に1回の練習ペースで続けていけば、それがフルマラソン完走プロジェクトとなります。

例えば、これまで1、2年とランニング歴がある人や、「過去にフルマラソンに出場して25キロまでは走れたけど、あとは歩いてしまった」といった経験のある人ならば、よりマラソン完走は間近です。

仮に過去に25キロまで走れたのならば、かなりのランナーです。

箱根駅伝の一区間もだいたい20キロ前後。山手線半周を走り切ることができるのですから、わずかな伸びで42・195キロをクリアする力が身につきます。

目安としては25キロを基準にした細胞分裂走のトレーニングを8回、2か月ほど続ければ、インターバルを挟みながらではありますが、総走行距離として42・195キロ

を走破できるはず。

また、しっかりと走ること自体が質の高い練習になっていますから、本人にとっても「自分は42・195キロを走り切れた」という自信につながります。

細胞分裂走のよいところは、距離を延ばしながら走りの質は落とさないので、トレーニングの原則である過負荷の法則がしっかりと働くことです。

また、インターバルを入れる直前よりも距離が延びている分、トレーニング量は増え、体はツラさを感じます。だからこそ、ツライ中での力が伸びていきます。

これが「質の高い練習である」という言葉の意味です。

走りも普段の仕事と同じように、ただ流しているよりも、密度を高めて短時間でやったときの方が残るもの、得るものは大きい。そして、処理できる能力も高まっていく。人の力が伸びる瞬間というのは、ランニングでも仕事でも同じなのかもしれません。

Column 3

大股走りにラストスパートのヒントがある

何キロ地点でラストスパートをかければいいのか。これは多くのランナーにとって最も気になるテーマのひとつでしょう。

じつは、そのタイミングを「大股走り」で推し量ることができます。

まず、最後の踏ん張りにつながる「パワー持久力」を把握するために、できるだけ大股で走ってみてください。自分の体を支えることのできる歩幅の広さで、何分走れるか。

その際、フォームや呼吸のことは忘れて、息も切れ切れになるまで走りましょう。これは数値で言えば、最大酸素摂取量80％以上の限界の息切れに挑んでいる状態です。

ただし、より大きな歩幅を稼ぐことを目指すのではなく、自分の体型に合った大股で走るようにしてください。

じつは仮に5分間、大股で走ることができれば、ラスト5分でラストスパートをかければいいということになります。

また、この大股走りのメリットは、それがそのまま耐乳酸トレーニングになる点です。

最大酸素摂取量の80％を超えた強度の運動は、登り坂を全力で駆け上がっているのに近い状態。一度、限界に達したら1分～1分半の休憩を入れて、5本ほど繰り返していきましょう。

この大股での全力疾走が3分間続くようになったら、ランナーとしての能力は高いと言えます。少なくともゴール前で、5人は抜くことができるでしょう。

また、3分の間に何メートル進んだかを測っておけば、ゴール前のどの地点からラストスパートしたらいいか距離も把握でき、安心感と自信につながります。

第4章
効率よい走りでスピードをグングン上げる9種のドリル

―ペースを底上げして、抜かれる人から抜ける人に！―

9種類のドリルで走る技術を身につける

この4章では、スピード練習で行う具体的なドリル内容と、そのやり方について詳しく解説します。

スピード練習は、いわゆる「筋力系のトレーニング」メニューが中心になりますが、ランニングに必要な筋力に関して、私は3つの要素があると考えています。

・**筋パワー……自分の体を跳ばす力**（走る＝跳ぶこと）
・**筋スピード……体を素早く動かす力**（走る＝歩くより速い）
・**筋スタミナ……動き続ける力**（走る＝繰り返すこと）

皆さんには、これら3タイプのドリル・9種類を行って欲しいと思います。

ドリルは週に1日行えば十分です。

ただし、「今週は筋パワーをつける」と決めたら、筋スピードなどの他のメニューを行わないこと。筋パワー・筋スピード・筋スタミナのいずれか1タイプの各メニューを週1回、計3週に渡って取り組むイメージで、細胞分裂走などの距離練習も行いません。

スピード練習と聞いて勘違いしてほしくないのが、全力疾走の速度を高めるメニューではないということです。

ポイントは、体が素早く動いているかどうか。

体を速く動かす〝スピード〟が身について初めて、正確に力が出せる体の使い方ができるようになります。

スピード練習は、いわばテクニックを身につける練習ということ。全力で走る、頑張る、と力んでしまうと、逆に遅くなります。

力を抜いた状態で、素早く動く。

このイメージを持っていればムダに頑張ることなく、本当のスピードが身につきます。

たとえば接地のとき。

足の向きや、エネルギーの逃し方を学ぶのがテクニック練習で、その方向に向かって素早く体を運ぶのがスピード練習になります。

力の出る方向を合わせるテクニックがあってこそ、スピードを出すことができる。テクニックとスピードはリンクしています。

ところが、巷ではスピード練習というと、テクニックの部分をおろそかにして、インターバル走など、物体が移動する「速度」にばかりフォーカスしていきます。

しかし、体の動き、足の運びに注目していくと、スピード練習にはテクニックの要素が欠かせないことがわかります。

テクニックが上達すると本来の意味での「スピード」、いわゆる走る速度も上がります。ここに毎日走らなくても、速くなれる秘訣があります。

たとえば、サッカーの選手などが行う、ラダーを使った「ＳＡＱトレーニング」というメニューがあります。

細かなステップを踏みながら、ラダーで区切られた着地点をクリアしていくトレーニングですが、あれはまさに足の運びというテクニックに加え、スピード系の要素が入ったもの。

筋力に頼った走りをしていると、体が浮き上がるだけで速さは出ません。

足の運びがスムーズだからこそ、速くなる。スピードには必ずテクニックが求められる部分があるわけです。

「筋パワー」を鍛える3つのドリル

まずは、筋パワーを鍛える3つのドリルをレベル別に紹介します。

このドリルの共通点は、ランニングに必要な「跳ぶ」筋肉をつけるのが目的。レベル別に、次の3つを同日に行います。

これから紹介するどのメニューにも共通して言えることですが、ポイントは走る時のことを考慮しながら行うことです。

・レベル1：スキージャンプ
・レベル2：階段サイドスキップ
・レベル3：両足階段ジャンプ

□レベル１：スキージャンプ（10回×３セット）

スキージャンプでジャンプ台から跳び出す直前の姿勢を思い浮かべてください。前屈した状態から跳び上がる、あの姿勢を取り入れたドリルです。

ただし、**スキーのジャンプでは前に飛び出しますが、このトレーニングでは体を真上に飛ばします。**おもに鍛えられるのはもも裏のハムストリングス、背中の脊柱起立筋《せきちゅうきりつきん》群《ぐん》です。

跳ぶ前も着地時も、脛《すね》は地面に垂直に。これは走る動作に近い姿勢を保つためです。

従来型、いわゆる体を絞るタイプの筋トレにも、似たような効果のスクワットなどがあります。しかし、そのような筋トレは力み、踏ん張る動き。走りに置き換えた時、ブレーキをかけてしまう動きになってしまい意味がありません。

スキージャンプのやり方

ヒザを軽く曲げながら上半身を前傾姿勢に。体が固い人は前につんのめってしまうのでヒザをやわらかく使うこと。

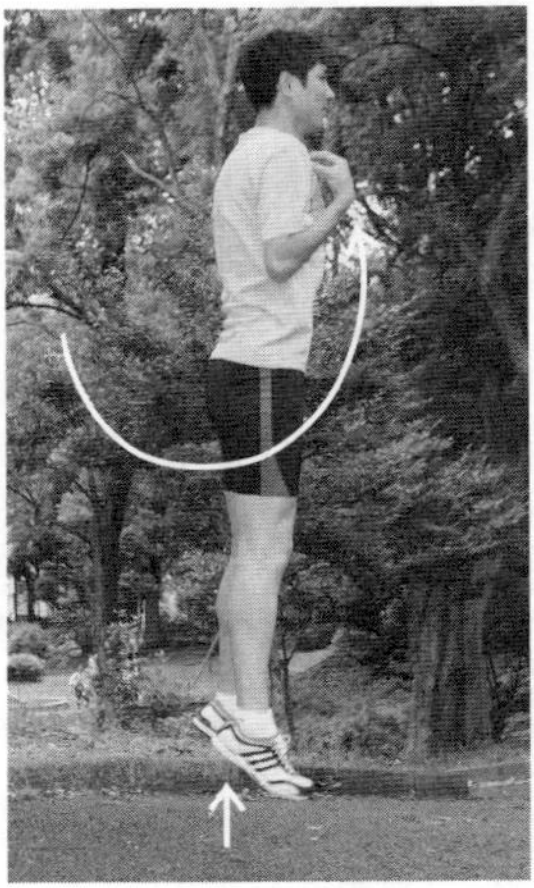

腕を振り上げながら真上へジャンプ。最終的に手が胸の位置にくるように。

POINT！

- 脛はなるべく地面と垂直に保つこと。
- 前ではなく、真上に跳ぶことを意識する。

□レベル2：階段サイドスキップ（階段20段×10往復〈片側各5往復〉）

スキップとの大きな違いは、体を正面ではなく横向きにして行うこと。いわゆるサイドスキップで、階段や土手などの傾斜を上ります。

右側を前にして上がって下がり、次に左側を前にして上がって下がりを10往復。片側5往復ずつ行います。

階段ならば20段くらいを目安にしましょう。

動作として大事なのは、跳ぶことです。ヒザを高く上げる方がやりやすい人、上げない方がうまく足を運べる人、歩幅を広く、階段ならば2段、3段と飛ばした方がスムーズな人。体型によって、〝いい感触〟はさまざまです。

しかし、急いで前に進もうとせず、一歩ずつていねいに〝跳ぶ〟意識を持ちましょう。

このトレーニングは横方向に動きながら、じつは前へ進む力が鍛えられていきます。

通常、私たちの体は、動きを止める筋肉、いわゆるストライク（72ページ参照）の際に働く筋力の方が発達しています。前への推進力を生み出す蹴る筋肉、キックの際に働く筋力のほうが弱い。

この前後のバランスの不均衡によって、多くの走り始めたばかりのランナーはブレーキのかかる走りとなってしまうわけです。

このサイドスキップの動きは、キックの際に働く筋肉に働きかけ、体を押し出す力を鍛えてくれます。

こうして弱い側の筋力を高めることで、バランスを変えていく。マシンを使った筋トレとは異なり、自重負荷だけですので、筋肉がつき過ぎるという心配もありません。

階段サイドスキップのやり方

階段の段差を利用し、サイドスキップを行う。まずは右足からスタート。

右足を1段上に接地すると同時に飛び上がり、左足を同じ段へ引き上げる。写真のように「跳ぶ」瞬間を意識。

左足を接地すると同時に、右足はさらに1段上へ。この動き（サイドスキップ）を繰り返し、20段上り切る。

POINT！

- サイドスキップの感覚がつかめない場合は、一度平地で試してから行う。
- ゆっくりでもいいので、1段ずつちゃんと「跳ぶ」。

□レベル3：両足階段ジャンプ（階段5段×3回を3セット）

ランニングスキルを磨く以上、単に下半身を強化するだけでなく、上半身をうまく連動させることも重要。

「両足階段ジャンプ」で鍛えられるのは、全身のバネ。このドリルも階段を使って行います。

両足をつき、両ヒザを曲げ、パワーを溜めてからジャンプしますが、飛び越える段数は1段でも、2段でも、3段でもかまいません。そこは現在の筋力に合わせてください。

ただし、前ではなく、上に跳ぶ感覚を意識します。

ポイントになるのは、手の動き。手が〝シーソー〟することです。

大きく手を前後に振ることで、自分の中に感じたことのないバネが残っていたことに気づきます。

手を上げたときに、ふわっと浮き上がる感覚。その気づきと、運動連鎖を実感することも、このメニューの目的です。

セット数は少し多いかもしれませんが、5段×3回を3セット。朝3回、昼3回、夜3回で合計3セット行います。

もし、負荷が足りないと感じるようでしたら、10段×3回を3セットにしましょう。慣れてくると、1段では段差が狭く感じて、自然と2段、3段と跳べる距離も高く、長くなっていきます。

ただし、階段でのジャンプが怖い場合は、平地ないしは傾斜のゆるい上り坂からチャレンジしてください。ケガをしてしまってはトレーニングの意味がありません。

体を前進させるパワーと連動性の両方を意識しながらトレーニングを行っていくことで、ランニングを大きく変えるバネがついていくはずです。

両足階段ジャンプのやり方

階段の最下段に両足を揃えて立つ。足の間は軽く開けてＯＫ。

腕を振り上げながら１段ジャンプ。両ヒザを曲げ、やわらかく使うこと。

今度は腕を振り下げながら、さらに１段ジャンプ。上げる⇔下げるを繰り返しながら１段ずつジャンプしていく。

POINT！

- 階段でのジャンプが怖い場合は、傾斜のゆるい上り坂で行う。
- 慣れてきたら、2段、3段とジャンプする段数を増やす。

「筋スピード」を鍛える3つのドリル

次に、筋スピードを鍛える３つのドリルです。

「筋スピード＝体を素早く動かす力」を鍛えるメニューは、「テクニック＝正確に力を出すための技術」と密接に関わってきます。


例えば、階段を駆け上がる時、１段ずつか、１段飛ばしで駆け上がるか。

１段ずつの場合、体を動かしている割に、じつはなかなか前に進みません。もがいているような感じになってもどかしく感じるでしょう。

一方、１段飛ばしは速く移動しているように感じます。しかし、体自体が速く動いているわけではありません。


ランニングにおけるスピードは、１段ずつをスムーズに上がれる状態と言えます。

体が素早く動き、正確に力を出すことができていれば、1段ずつでもストレスを感じずに駆け上がることができます。

そんな体の素早さを身につけるためのポイントは、足の運びと体の連動性。

ですから、スピード練習のメニューもいわゆる筋トレではなく、走りながら体の動きを意識づけるトレーニングとなります。

行うのは次の3つです。

・レベル1：下り坂の蛇行走り
・レベル2：能歩き
・レベル3：階段1段ダッシュ

□レベル１：下り坂の蛇行走り

レベル１として紹介したいのは、「下り坂の蛇行走り」です。

ややこしい決まりは何もありません。ただただ下り坂を左右に蛇行しながら、走って下りるだけです。

まっすぐ駆け下りる場合、下りる際の勢いを打ち消しながら走ろうとするので、人は無意識のうちにブレーキをかけてしまいます。結果、ふくらはぎなどが張り、前進を止めながら進むロスの多い走りになるのです。

その点、蛇行しながら走ると力を横に逃がすことで、止める動作がなくなります。

つまり、蛇行しながら坂を下ることで、ブレーキのかからない足の運び、素早く坂を走る体の動きを身につけることが狙いです。

一見、まっすぐ駆け下りる方がタイム的にも速そうに思えますが、じつはブレーキをかけない分、蛇行しながらスピードを殺さずに走った方が速くなります。

下り坂の蛇行走りのやり方

ランニング中の下り坂で適宜行います。左右の道幅いっぱいに使いながら、大きくカーブを描くこと。カーブの際は遠心力で体が内側に傾いてＯＫ。

□レベル2：能歩き(5分間×3セット)

レベル２のドリルは「能歩き」です。

「能歩き」の「能」は、古典芸能の能から。室内で行うメニューで、つま先をすりすりと滑らせるようにして前に進む動きを身につけます。

足の運びとしては、つま先で接地し、踵《かかと》で地面を捉え、逆の足のつま先が接地し、踵が地面を捉え……という動きの連続。足の裏だけでぐっと体を前に押し出すようなイメージです。

このドリルは、ふくらはぎなどの力は抜きながら、足の裏の動きを連動させ、速くすることが目的。最初はなかなか思うように前進できないかもしれませんが、繰り返すうち足裏の動きがなめらかになり、これがランニングの着地から跳ぶ動きを助けます。

なかなか言葉で伝えるのは難しい感覚ですが、コツをつかむと、ランニングで次の一歩を出した時、ヒザの動きが速くなるのを実感すると思います。

つまり、つま先での能歩きがうまくなると、股関節、ヒザ、足首の動きがスムーズになるのです。

「能歩き」の運動強度は低いので、もし、筋肉痛になるようなら、ふくらはぎや前腿に力を入れすぎていると言えます。

狙いは、つま先と踵の連動性ですから、基本はどこも疲れません。

練習場所としては、フローリングの床の上が最適です。ジムや体育館など、広めの場所があれば一番ですが、自宅の廊下やリビングでも構いません。靴は履かず、靴下を履いて行いましょう。

セット数は5分間の「能歩き」を3セット。ひと汗かくくらいの運動強度で十分です。

能歩きのやり方

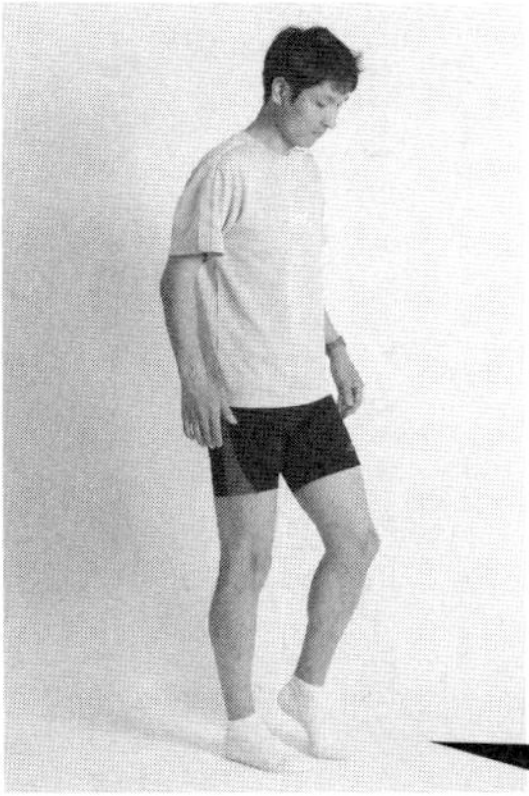

ラクな姿勢で立ち、左足を一歩前へ。つま先→踵の順で接地する。

ZOOM！

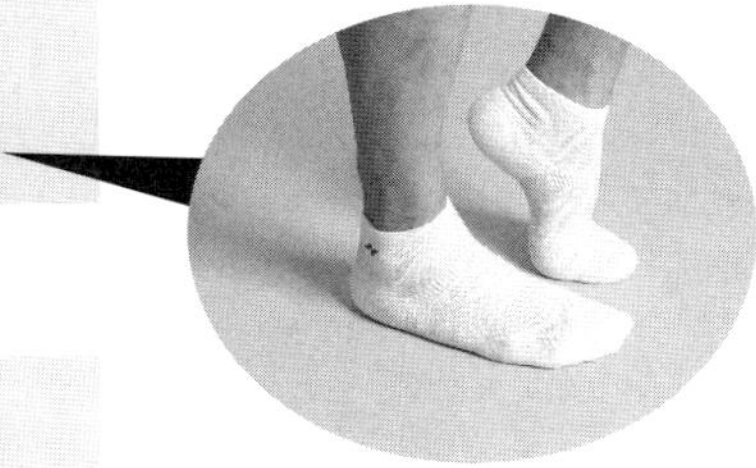

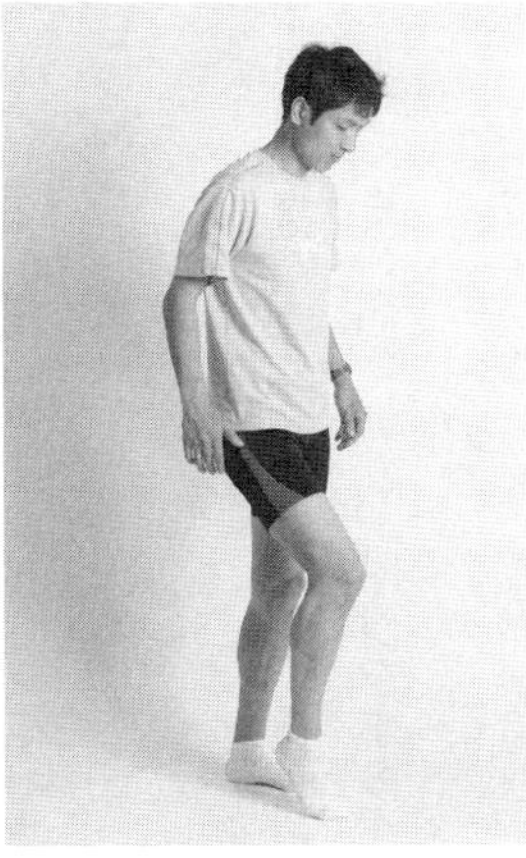

左足と同じ要領で、次に右足を一歩前へ。左・右と交互につま先をすべらせるようにして前に進む。

POINT！

- ふくらはぎなどの力を抜き、足の裏をやわらかく使うこと。
- 足の裏だけで体を前に押し出すイメージで行う。

□レベル3：階段1段ダッシュ(30段×3セット)

「下り坂の蛇行走り」「能歩き」の2つのメニューで足の運びが意識づけできたところで、次に取り組むべきものが、「階段1段ダッシュ」です。その名の通り、階段を1段ずつ駆け上がるトレーニングになります。

ポイントは、股関節。

速いランナーの走り方を映像でチェックしていくと、体型によってフォームはさまざまですが、着地時に股関節をうまく使っている点は共通しています。

ちょっと脱線しますが、速いランナーと一般のランナーの違いは、一目瞭然。一般の方はヒザが伸び気味で、イメージとしてちょんちょんと地面を蹴って走っています。

一方、速いランナーは股関節をやわらかく使えているので、着地時にヒザが曲がり、ぐいん、ぐいん、とバネのある走りをしています。

速いランナーの接地はここが違う

速いランナーの接地は…

接地時間が長い

股関節をやわらかく使えているため、足の裏の動きもなめらか。結果、接地時間が長くなり、U字を描くように走っているイメージ。地面からの反発力をバネとして活かすことができるため、ぐいん、ぐいんとした推進力のある走りに。

一般ランナーの接地は…

接地時間が瞬間的

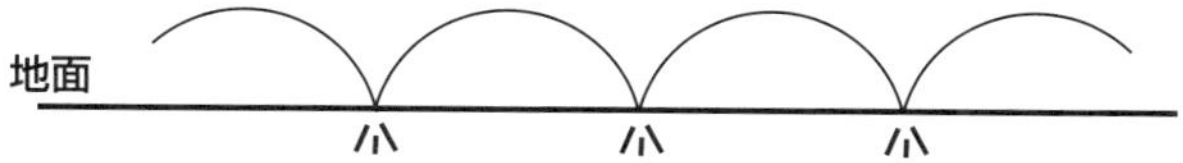

ヒザが伸びた状態でちょんちょんと足をつく走り方。いわゆるV字を描くように走っているイメージ。前に進む力が瞬間的な接地により地面に吸収されてしまうため、足をつくたびブレーキがかかっている。ロスの多い走り方の典型。

V字ではなく、U字で走るイメージで、足が接地している時間もわずかに長い。だからこそ、体が伸び上がり、跳ぶ力も発揮され、前へのエネルギーが惜しみなく伝わっていきます（157ページ参照）。

こうした連動の起点となるのが、股関節というわけです。

そして、その股関節の筋スピードを高めるのが、この「階段1段ダッシュ」。

なぜなら、階段を上るときは必ず着地した足がついた状態で、股関節を使って上がっていくからです。セット数としては、30段を3セット行いましょう。

30段頑張ると1分以上かかるので、有酸素運動になりやすく、筋スタミナのトレーニングにもなります。

ただし、運動後にヒザやふくらはぎ、腿や足首に張りがきていたら、うまく股関節を使えていない証拠。力に頼ってしまう人はふくらはぎに、気が急いて焦った人は前腿にダメージがくるからです。股関節と腿裏にきたら、正解です。

階段1段ダッシュのやり方

階段の最下段からスタート。右足を1段踏み出す。

右足をついたら、左足を同じ段に。

同じ要領で1段ずつ右足→左足をついて駆け上がる。

POINT！

- 股関節が使われていることを意識。
- 前に進む速度より、足運びのスピードが重要。

「筋スタミナ」を鍛える3つのドリル

ここまで読んでくださった方は、体の動き、足の運び、運動連鎖が「やわらか走」のキーポイントだと理解していただけたかと思います。そして、一連の動き、足の運び、連鎖の持続力を磨くのが、筋スタミナのトレーニング。そのために次の3つを行います。

・レベル1：サイドクラウチング
・レベル2：ダチョウ走り
・レベル3：上り坂チャレンジ

□レベル1：サイドクラウチング（左右20回×3セット）

すでに述べたように、筋スタミナのメニューも筋スピード、筋パワーと密接に関わっています。

この「サイドクラウチング」も繰り返すことでランニングが安定するという意味では、筋スピード、筋パワーをアップするメニューと考えることもできます。

「サイドクラウチング」のやり方は、まず短距離走のクラウチングスタートの姿勢をつくります。そして、右足を起点に腰を上げ、次に左足を起点に腰を上げる動作を繰り返します。

なぜ、この姿勢かというと、ちょうどふくらはぎから足の裏の力が抜ける位置だからです。前にも後ろにも体がぶれず、それでいて股関節が体重を支える姿勢。ポイントとなるのは、左右を切り替える時に股関節が大きく動く感覚です。

ランニング中、股関節がリズミカルに動くことで、力強いエネルギーが足元に伝わっていきます。

すると、ふくらはぎや腿に余計な力の入ったロスの多い走りではなく、力みない効率的なランニングを実現することができます。

その感覚を擬似的に体感し、走りのテクニックと持続力を身につけることが狙いです。

サイドクラウチングのやり方

クラウチングスタートの姿勢をとる。ただし手は地面ではなくヒザに。その姿勢から腰を持ち上げ、後ろ側の足（写真の場合､右足）をまっすぐ伸ばす。

逆側を向き、同じ要領でもう一方の足を伸ばす。

POINT !

・左右を切り替えるときに、股関節が大きく動く感覚を意識する。

□レベル2：ダチョウ走り（30メートル×10本）

「ダチョウ走り」もまた、体の動き、足の運び、運動連鎖を磨くためのドリルです。同時に、筋スタミナを鍛える効果もあります。

私のランニングクリニックに参加しているランナーの皆さんも、初めて「ダチョウのポーズで走ります」とダチョウポーズを見せると、しばし言葉を失っています。なかなか珍妙なかっこうかもしれませんが、効果は絶大なので、ぜひやってみてください。

重視しているのは、足の運び。特に接地の感覚が磨かれます。

じつはこの姿勢ではブレーキをかける、ストライク(72ページ参照)を行いながら走ることができません。体重が前後にブレると後ろに倒れてしまうからです。

つまり、**転ばずにダチョウ走りができていれば、いらない力が抜けているということ。**

スタンス、キックのリズムで走る感覚を身につけることができるわけです。

自分の接地の感覚がうまくつかめなかった人も、ダチョウ走りをすればわかってきます。ふくらはぎの力が抜け、腿裏やお尻で受け止めていることが感じられたら、上手にできていると言えます。

そうやってブレーキのない走り、足つきの感覚を理解していったところで、徐々に人間の走る姿勢へと進化していきましょう。

奇妙な走り方だから……と家の中で行うのは難しいと思います。走ってみると意外にスピードが出ますから、ぜひ外で、思い切り走ってみてください。

ダチョウ走りのやり方

ヒザを軽く曲げ、上半身を前傾姿勢に。手は背中の位置で組む。

↓

そのままの姿勢で 30m ほど走る。

POINT!

・接地の際の「ふんばらない」感覚を覚えておく。

□レベル3：上り坂チャレンジ

マラソンなど、各種大会に出たランナーの感想として「コースの途中にあった上り坂がつらかった」という話はよく聞きます。ランナーの中には、上り坂への苦手意識を持ってしまう人も。

しかし、**足の運びを身につけ、一定のスピードを維持できるようになれば、上り坂は他のランナーを追い抜くチャンスゾーンに変わります。**

そこで、繰り返していきたいのが、上り坂を踵をつけた状態で走る「上り坂チャレンジ」です。

「頑張って登りきろう」という意識が働くと、どの体型のランナーでも上り坂では無意識のうちに、つま先だけを着く走り方になりがちです。

たしかに、接地の瞬間にぐっと力が入る感触は残りますが、じつはこれ、前に進む力を地面にぶつけ、推進力を打ち消し合っているのです。本書で何度も述べている、ブレーキのかかった走りになってしまいます。

上り坂では、踵から接地し、つま先で蹴るように足を運ぶこと。すると、体が後方へ落ちるエネルギーを前に進む力へと変えて、生かすことができます。

この足の運びを身につける上で、特別な練習方法があるわけではありません。日々の練習の中で上り坂をランニングのコースに盛り込み、踵《かかと》からの着地、つま先でのキックという足の運びを意識すること。

繰り返していくことで、筋スタミナが増していき、上り坂を苦手としない走りが身につきます。

この時、上半身の姿勢は力まず自由にしてください。猫背になる人もいれば、胸を張る人もいますが、力んでさえいなければ問題ありません。

上り坂チャレンジのやり方

○

踵で着地すると…

踵をつけた状態で上り坂を走る。このとき上半身が猫背になる人、胸を張る人、さまざまだが、気にしなくてＯＫ。前に進む力を生み出す。

×

つま先で着地すると…

つま先だけで走るとこのような姿勢に。前に進む力が地面に吸収されてしまう。

「スクラップ＆ビルド発想」でトレーニングを

３、４章で具体的なトレーニングメニューについて解説してきました。しかし残念ながら、これらの方法を忠実に行ったとしても、大会で思うような結果を残せないケースもあるでしょう。

「スタート地点で予想外のロスをした」
「ペース配分を間違った」

などなど、実際に参加してみないとわからないことも多く、その日の体調によっても左右されてしまうものだからです。

では、毎回の結果を、どのように次に活かしていけばいいのか。

私は練習と大会のサイクルは、スクラップ&ビルドの連続だと考えています。実際に大会などに出場すると、自分の弱点がわかります。そこで、**これまでのトレーニング方法をいったんリセット(スクラップ)し、弱点を補うトレーニングを多めに取り入れて微調整、新たなプログラムを組む(ビルド)のです。**

そして、気分も新たに次の大会に出場。弱点を発見したらリセット→微調整を繰り返し、徐々に走りをバージョンアップしていくイメージです。

苦しいときほど、悪いクセが出やすいと心得よ!

じつは体型によって走り方の弱点というものがあります。そして、そういった弱点は、大会などの厳しい局面で出やすい。もし、結果がふるわなかったのだとしたら、そこに原因がある可能性が高いかもしれません。具体的に言うと、

・**脛が長い（ピストン走法タイプ）**→筋力が少ないため、思ったように前に進みにくい。

・**腿が長い（ツイスト走法タイプ）**→ブレーキをかけながら走りがち。そのため走りにムダが出て、足がカチカチになりやすい。

・**胴が長い（スイング走法タイプ）**→スタミナ不足になりがちで、走り続けられない。

といったことなどです。

クセを確認したところで、それぞれ強化したい内容は次の通りです。週１回のトレーニングを以下に代替する要領で、スクラップ&ビルドする際にぜひ取り入れてみてください。

・**ピストン走法タイプ→インターバル走**

・ツイスト走法タイプ→ドリルトレーニング
・スイング走法タイプ→LST（ロング・スロー・タイム）

ピストン走法タイプの人は、短い距離をしっかり走り、休んで、再び走り、休むこと。その繰り返しの中で、体型に合ったフォームを習得していきましょう。目安としては、50メートル×30本。距離にすると1・5キロを週1のメニューとして行います。このタイプの人は元々、骨のアームが長く、その分、足の筋肉も他の体型の人よりも長め。このタイプの人は元々、**瞬発系の力が強くない分、「走る」「跳ぶ」という動作をきちんと身につけていくことが、重要なのです。**

スイング走法タイプには、LST（ロング・スロー・タイム）がお勧めです。長くゆっくり距離を気にせず、走りましょう。
これまで本書では走り切れる距離をしっかり走ることを勧めてきましたが、とくにランニングを始めたばかりのスイング走法タイプの人には、あえてLSTを消化してもらいます。

その狙いは力まかせに走るのではなく、長くゆっくり走ることで、ていねいに「走る」「跳ぶ」という動作を体に染み込ませていくためです。

ツイスト走法タイプは、ある程度、長距離のランニングに向いた体型と言えます。しかし、足の運びに共通したロスがあります。他のタイプのように、無意識のうちにワンタッチで走っている人が多いのです。

着地の際、つま先をつき、その後、踵もつく。このツータッチが、ワンタッチで走る人にはない前に進む力を生み出す足の着き方になっています。

そこで、ツイスト走法タイプの人は、3章で紹介したドリルトレーニングを多めに取り入れるようにします。例えば3週続けて行うところを、４週、５週と続けていくイメージです。

ドリルはもちろん、ＬＳＴやインターバル走も、じつはすべてのタイプの人に行ってもらいたいメニューと言えます。

にもかかわらず体型別にお勧めしている理由は、弱点を補うメニューを優先的にやったほうが、トレーニング効率がいいため。

例えば、足の運びに関して、ピストン、スイングの人は体型的に押し出す運びになりやすく、前に進むことを深く意識せずとも走りながら身につけられます。

しかし、ツイストの人は走るだけだと、どうしても足の運びが身につきにくい。だから、ドリルトレーニングを積極的に行い、走り方をある程度整えてからＬＳＴやインターバル走に入った方がいいという考え方です。

ＬＳＴやインターバル走など弱点を補うメニューは、10キロをノンストップで走れるようになってから取り組んでください。それまでは、１１６ページで紹介した3ステップの基本トレーニングだけで十分走る力がつきます。

走りのブレーキになる「力み」を逃す習慣

本章の最後に、テクニック系のトレーニングの一種として上半身の「スキャプラローテーション」を紹介します。簡単に言えば、肩甲骨のトレーニング。右肩と左肩を大きく回し、腕で８の字を描くように動かしていきます。

上半身がやわらかく動き始めると、力が上から下へと伝わりやすくなっていき、安定したランニングに。肩こりの解消効果もうれしいところです。

このように体の中でストレスを溜め込まずに流すという動きは、「やわらか走」の根幹です。

力みなく、ストレスが溜まらないというのは、体がやわらかく動いている証拠。スキャプラローテーションで肩甲骨を動かす感覚を体得した後も、機を見て何度も繰り返してみてください。

スキャプラローテーションのやり方

点線のように両腕を前後左右に大きく8の字に回すトレーニング。足を軽く開き、立った状態で腕を軽く伸ばし、手の指を体の前面で合わせる。

大きく体を捻りながら左上（写真の位置）に腕を上げる。

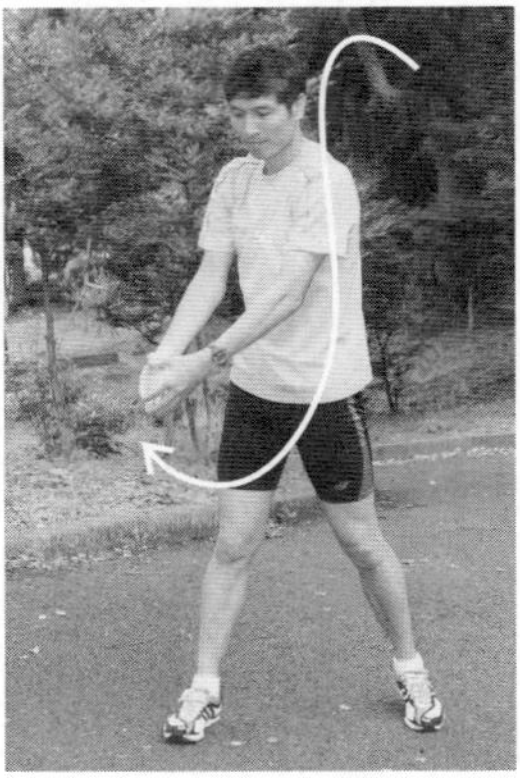

左上から右下へ腕を振り下ろす。

右上に腕を持ってきたら、最初の位置（体の正面）へ移動。これで1周となる。逆回しも行う。

後ろにグッと反らしながら、右下の腕を右上へ。

POINT！

・手の指はなるべくくっつけたままで行う。
・腕は大きく回し、肩甲骨の可動域を最大限広げる。
・思いついたときに繰り返し行う。

すると、**運動エネルギーを筋肉から筋肉へと伝える運動連鎖、動きのバトンタッチが自然なものとして身についていきます。**

本章の後半で紹介した「ＬＳＴ」「インターバル走」は、言わば、補助的な練習メニューです。

運動負荷はあまり高くありませんが、現在取り組んでいるメニューと同時（もしくは同じ週に）行わないこと。一つひとつのトレーニングに集中して、ランニングに必要なスキルを磨く。そんなイメージで足の運び、体の動き、運動連鎖の感覚を高めていき、自分の体型にあったランニングフォームを定着させていきましょう。

その結果、これまでもよりははるかに軽やかに長い距離を、速く走り抜けることができるようになります。また、スタミナに関しては走り込むことによって体が慣れ、伸びていく部分です。

Column 4

モチベーションを高めるプラン作りとは？

ランニングクリニックにやってくるランナーの皆さんに、トレーニングの量について聞くと、こんな答えが返ってきます。

「今月は何キロ走った」

「今週は目標の距離に届かなかった」

やはり数字にしてわかりやすいという意味で、距離はひとつの目安になっているようです。

しかし、私は「月間走行距離にこだわってはいけない」と思っています。

距離という数字を追い始めると、一生懸命距離ばかり延ばそうと考えてしまう。何度も申し上げますが、いくら走り込んだところで、必要な「走る力」は身につきません。

そこで、どうしても目安がほしい人に私が勧めているのは、「色分けメニュー」です。

これは、紹介した3つのトレーニングメニューを運動負荷別に色分けして、記録する方法。

例えば、「細胞分裂走」を「1」として、「インターバル走」を「1・3倍」、LSTは「0・8倍」、ドリルトレーニングは「0・5倍」として計算。行った時間と掛け算することで、棒グラフなどにまとめていきます。

「今月はドリルトレーニングを多めに取り入れ、足の運びを身につける」

「この2か月はインターバル走の割合を増やし、運動負荷を高める」

といったように、トレーニングの目標設定もしやすく、どんなバランスでトレーニングが進んでいるかを把握することもできます。

また、色分けと数字によって目に見えて成果がわかることで、楽しさがあり、モチベーションの維持にも役立ちます。

第5章 マラソン大会出場が決まったらやるべきこと

―ケガなく完走するためのシミュレーションプラン―

意気込みとともに、リタイアする覚悟も大事！

「フルマラソンに出たい！」という動機が、ランニングを続けていくエネルギーになっているのであれば、積極的に大会へ挑戦するのもお勧めです。

とはいえ、ケガをしてしまっては、その後のランニングライフが楽しくありません。できれば、本書で紹介してきたランニングスキルを磨き、ケガのしにくい自分なりのランニングフォームを身につけてから、チャレンジして欲しいものです。

ひとつの目安となるのは、インターバルを挟まず、鼻呼吸のやわらか走で20キロを走り切れたかどうかです。

しかし、何事にも〝初挑戦〟はあります。

私のランニングスクールのメンバーの中には、走り切れる距離が10キロの状態でマラソンにチャレンジし、完走した人もいます。出るか、出ないかを最後に決めるのは自分。エントリーしたら、そこを目標に調子を整えていきましょう。

コンディションの整え方、大会までの準備、当日の振る舞い方、42・195キロという距離、終わった後のリカバリー……など、不安の種は尽きないものです。

そこで、この5章では「実際に、フルマラソンの大会に出ることになったら…」という視点からいくつかアドバイスをしていきたいと思います。

まず、どの大会に出場すればいいのか。

基本的にどの大会でも出たい場所に挑んでいいと思っています。ただ、いつでもエスケープ、リタイアする覚悟は持っておきましょう。

一番怖いのは無理に完走を目指し、ケガをすること。残念なのは必死に歩くばかりで、次のレースにつながらない刺激を体に与えてしまうことです。

そう考えると、1章にも書いた通り、いきなりの大会出場でフルマラソンは少々冒険が過ぎるかもしれません。

もし、**この本を手にしているあなたがランニングを始めたばかりの初心者だとするなら、初レースは5キロ、10キロ程度の距離をお勧めします。**

中でも地方で開催される小規模の大会は運営もゆるやかで、ゴールまでの制限時間も長く、初レースでも焦らずに走ることができます。

こうした場でレースに向けた準備を体感しておくことは、その後のランニングライフに大きなプラスになっていくでしょう。

5キロ、10キロから始めて、経験を積みながらハーフをクリアし、いよいよフルマラソンへ。遠回りでも常道には常道の理由があるのです。

「ピーキング」を制するものがレースを制す

大会本番にピークを持っていくことを「ピーキング」と言います。

これは本人の走り切れる距離、体調など、さまざまな要素が絡み合うもので、一概に「このピーキングが正解」とは言いづらいものです。

そこで今回は、

・大会前に20キロを走り切ることができた

・途中で休憩を挟んでならば、４２・１９５キロに到達できた

この２つの条件に合うランナーを基準として、考えてみましょう。

まず練習の頻度ですが、大会前も変わらず週1回。その代わり、練習内容に変化をつけます。

ポイントは蓄積している疲労を回復させつつ、筋肉に適度な刺激を与えることです。

また、それぞれの時期に食事面で気をつけておきたい点も紹介します。

・大会3週間前　10キロ×1本

これまでの練習で重ねてきた疲労を回復させるためのランニングです。LST・で、ゆっくりとタイムを気にせずに走りましょう。

疲労を抜く段階では、ビタミンCやクエン酸が回復の助けになります。野菜中心の食事をこころがけ、そこにグレープフルーツ、イチゴ、梅干しなどをプラスしていきましょう。

・大会2週間前　5キロ×3本

疲労回復しつつも、筋肉の張りは落とさない。細胞分裂走で行なっているスピードを目安にペース感覚をつかみながら、普段の通りのランニングスピードで5キロを3本走りましょう。

この時期は、筋肉の補修のために肉、魚、豆腐、牛乳などを少し多めにし、タンパク源を補給します。基本的には普段通りの食事でかまいませんが、カルシウム、マグネシウムを摂っていきます。

・大会1週間前　10キロ×1本

実際のレースでの始めの10キロをイメージして走ります。これまで練習で磨いてきた、それぞれの体型にあった「やわらか走」を実現できているかどうか。自分の体と会話するように、心地よいペースで走りましょう。

大会間近となる1週間前からは、脂肪燃焼の効率をよくするビタミンが多く含まれるタンパク源を食事に一品プラスしていきます。

具体的には、たらこ、レバー、鶏肉、卵など。また、糖質の補給も重要になるので、1日缶1本程度のフルーツジュースをお勧めします。

シューズとの相性を再確認しておく

フルマラソンへの参加を決めたら、一度、チェックしておきたいのがランニングシューズです。

1章で「デカ靴」の弊害としてヒザ裏痛について紹介しましたが、走る距離が長くなればなるほど、相棒としてのシューズとの相性は重要な要素になってきます。

トレーニング中から愛用してきたシューズに違和感を持っていなければ問題ありませんが、どこかしっくりこない感覚があるのならば本番前に相性を確かめておくべきです。

シューズのチェックポイントは次の2つです。

1．シューズの動きをチェックする

シューズを手に持ち、四方八方に曲げてみましょう。

つま先側は十分に曲がるか、捻《ひね》れるか。自分の足が曲がりたいところで曲がるソールかどうか。捻った時の感触は固過ぎないか、やわらか過ぎないか。

最近は「裸足感覚で走れる」と謳《うた》ったシューズも増えていますが、これだとやわらか過ぎるように思います。

2. 自分の足とシューズのアッパーの部分が合っているかどうか

大まかに言えば、履いて走ってみた時、靴の中で足が泳ぐようなことがないかです。つま先での着地、踵《かかと》での着地、フラット着地、全部を試してみること。

そして、キックした時に足が滑らないこと。足の指を上げて、土踏まずのアーチが動いた時、シューズの中でフィットした感覚があるかどうか。無駄な空間がなく、フィットするシューズがお勧めです。

シューズのサイズが大きければ、かぽっと抜ける感覚があり、小さいと指先が詰まります。シューズを脱いだときに血豆ができている場合は、靴の中で指が前後にずれている典型です。

選ぶべきは、ヌケ感も詰まり感もなく、バタバタせず、足のアーチに沿ってフィットするシューズ。デザインは二の次と考えましょう。

意外な盲点！　ソックス選びはここに注意

基本的にウェアは好きな素材、形状のものでかまいません。

ひとつアドバイスすることがあるとすれば、気温の変化に応じて、素材などを合わせることでしょう。

特に寒さは体力を奪うので、スタートから走り出すまでに時間のかかる東京マラソンのような参加者の多いレースの場合、コンパクトに折りたたむことのできるウインドジャケットを用意しておきます。

また、綿のTシャツは汗を吸った後、肌に張りつき、寒風の中を走るには不向き。インナーウェアの吸汗速乾性と保温性には気を配りたいところです。

ウエアはともかく、**私がシューズの次にこだわって欲しいのは、ソックスです。**

お勧めしているのはシンプルなもの。土踏まず部分に絞りがある程度は許せますが、滑り止めのゴム付きや親指のところで足袋のように割れているタイプ、５本指タイプは過剰な加工だと思います。

ソックスは地面とシューズと足の真ん中にある大切なもの。５本指や足袋タイプのソックスは足にくっつきすぎる印象です。

すると、地面とシューズ、足とソックスが分離してしまい、シューズの中で足が滑る現象が起きてしまうのです。

また、滑り止めのゴム付きのタイプは、シューズとソックスが一体になりすぎ、逆にソックスの中で足がずれる原因になります。

個人的な感想にはなりますが、**薄手のシンプルなものを選ぶのがベターです。**

ちなみに、ソックスの丈の長さはくるぶしのところまでがベスト。長すぎても短すぎてもダメです。

非常に細かい話ですが、くるぶしのところには「伸筋支帯《しんきんしたい》」と呼ばれる帯があります。

これは腱などが飛び出ないよう支えている帯で、それがちょうどくるぶしの前に位置しています。

この伸筋支帯に合う位置にソックスのゴムがくることで、腱への余計な圧迫を防ぐことができます。体の構造上、ベストのポジション。ささやかながらも押さえておきたいポイントです。

大会に向けてどんな食事を摂るべきか？

「大会前はパスタ中心の食事にして、カーボローディング」

一般のランナーの間でも、そんな会話が交わされるほど、「カーボローディング」はいつからか一般的な言葉になっていきました。

カーボローディングとは、「炭水化物を体に詰め込むこと」。

語源は、英語の「カーボハイドレイト（炭水化物）」から引用された略語「カーボ」と、「詰め込む」という意味の「ローディング」を合わせたものです。

結論から言えば、日本人にはカーボローディングは必要ありません。

では、なぜ、炭水化物を体に詰め込むとランニングにいい影響があると考えられるようになったのかというと……

炭水化物は消化吸収された後、グリコーゲンという形で肝臓と筋肉に貯えられます。そして、有酸素運動の際、グリコーゲンは効率よく燃焼し、運動のエネルギー源になることが明らかとなり、「運動時のエネルギー源となるグリコーゲンを、より多く筋肉や肝臓に貯えることを目的とした食事法」として考案されたわけです。

最初は脂質やタンパク質を多く摂取するヨーロッパ諸国の選手が、炭水化物を体に溜め込む目的でパスタを食べたことで競技成績が向上。そこからカーボローディング＝パスタのイメージが浸透していきました。

しかし、普段からお米を食べている日本人の場合、ランニングに必要なカーボは日常生活の中で十分摂取することができています。

「大会前だからカーボローディングだ！」とバランスの悪い炭水化物中心の食事をしてしまうと、肝心のカーボをエネルギーとして燃やすために必要なビタミンやミネラルを摂れない可能性があります。

つまり、日頃からきちんとお米を食べているなら、カーボローディングは必要ありません。

むしろ、大会前には野菜や果物を献立に摂り入れることでビタミン、ミネラルを、魚や豆腐といった食材でタンパク源を補給するイメージを持ちましょう。日本人に必要なのは貯めたカーボをきちんと燃やす栄養素です。

当日は「噛む食事」で調子を上げる

フルマラソン前に何を食べるか。

大会前の1週間は、脂っこくないおかずを中心にした和食をお勧めしています。お米で炭水化物をしっかりと確保しつつ、おかずにはタンパク源として肉や魚、豆類を一品入れる。というのも、これらの食品には、エネルギーをつくり出すビタミンも豊富に含まれているからです。

注意すべきことはそれくらいで、特別な食事をする必要はありません。

大会当日の朝は慌ただしいので、なかなか自宅で朝食をつくるのは難しいかもしれません。そんな時はコンビニ調達でも十分です。

そして、ピストンやツイストなど、走り方（体型別）によって不足しがちな栄養素があるので、それを補うお勧めの食事も紹介しておきます。

・ピストン走法の人↓糖質を摂っておきたいので、焼きそばパン
・スイング走法の人↓パワーが欲しいからハムサンド
・ツイスト走法の人↓ビタミン、ミネラルを補いたいからレタスサンド

と、そんな分け方もできると思います。

共通して言えることは、しっかりと噛むことです。第一の消化酵素である唾液を出すためには、咀嚼《そしゃく》が大事。普段よりきちんと噛んで食べることで、ランニングの調子が上がります。

そういう意味では、ゼリー状の携帯食やバナナで朝食を済ませるのは避けたいところです。一時的に血糖値が上がるものの、スタートする頃にはストンと下がり、体が冷えた状態で走り始めることになるためです。

朝食はしっかり摂って、体を温めること。

その上で、「小腹が空いたな」という感じならバナナをかじって栄養補給というのもいいでしょう。しかし、ラクチンだからと、咀嚼の少ない食品だけに頼らないことです。

飲んだら走るな！　アルコールとの付き合い方

普段からお酒を飲まない人は別ですが、飲む人にとってはお酒とコンディションの関係も気になるところでしょう。練習後にシャワーで汗を流して、飲むビールは格別です。厳しいコーチなら「マラソンを目指すなら、普段からアルコールは禁止」と言うかもしれませんが、そこまでストイックに追い込む必要はありません。

お酒は飲み方次第です。

ただし、フルマラソンともなれば、どのランナーも体力の限界まで出しきることになります。その時、アルコールが体内に残っていると、ランニングに悪影響があるのはたしかです。

では、アルコールは大会の何日前からやめればいいのでしょうか。

ひとつの目安となるのは、2日前です。

なぜなら、体内のアルコール分は約48時間で分解されるため。

ただし、肝臓の働きは人によって異なるので、余裕を持って72時間。できれば3日前くらいから控えた方が無難でしょう。

ちなみに、肝臓がアルコールを分解する時に必要なのが、水です。飲んだ後に喉が渇くのは、このためです。

つまり、体にアルコールが残ったまま大会に出ると、肝臓が水を欲している状態のまま走ることになります。

すると、**体が体内の水をアルコールの分解に使おうとして脱水症状が起き、最悪の場合、倒れてしまいます。**だからこその48時間なのです。

仮に前日に飲んでしまったからと言って、たくさん水を飲んでもダメです。アルコールの分解には、水のほかに、時間が必要だからです。

「オレはお酒が強い」と言っている人の方が危ない。早めに飲むのは控えて、大会が終わってから好きなだけ祝杯を上げるようにしましょう。

携行食にはウルメイワシ&鮭とばがベスト

前書きで、フルマラソンに初挑戦する女性に「ランニング中の栄養補給はゼリーなどに頼らず、ウルメイワシや鮭とばを持っていくこと」と指示したエピソードを紹介しました。

今も私のランニングクリニックに参加しているランナーの皆さんには、マラソンの携行食にウルメイワシを、水分補給には水を勧めています。

水分はただ摂ればいいというものではありません。体の中に浸透していくためには、塩分が必要です。原理としては、数の子の塩抜きと同じ。水に入れていても塩は抜けませんが、多少、塩を足すと抜けていきます。

つまり、ただの水を摂るだけでは体に染み込まない。その時に必要なのが、塩分というわけです。

吸収がよい水分としては、いわゆるスポーツ飲料のようなハイポトニックドリンクがあげられます。しかし、補給しすぎると吸収されず、飲み過ぎで胃腸がダボダボになることも。

だからこそ、水分補給が大切だとされているランニングの途中で、かえって喉の渇きを引き起こしそうな携行食を勧めているわけです。

マラソンを4時間前後で走るのならば携行食は重要で、ウルメイワシ、鮭とば、ジャーキーなどは、カルシウムや塩分の補給の点からも優れています。

加えて、咀嚼がもたらすメリットにあります。

まず、噛むことで吸収がよくなります。しっかりと歯と歯を噛み合わせることで、第一の消化酵素である唾液が出ます。また、噛むことにはリフレッシュ効果もあり、疲労を軽減してくれるのです。

喉が渇いていたとしても唾液が出なくなることはありませんし、コースには給水ポイントが十分にあります。持ち歩きにかさばらない携行食で失われていく塩分を補いながら、走りは止めずに水分を摂る。これが完走を実現するエネルギー補給です。

栄養補給のタイミングにはゴールデンタイムがある

ランニング中、いかに効率的に塩分、カルシウム、水分を補給していたとしてもフルマラソン完走後は、筋肉や肝臓に蓄えられているグリコーゲンが減少し、体の中の水分量も不足気味になります。

また、エネルギーをつくり出すために必要なビタミンやミネラルも、大量に消費。内臓もまた、長時間大量のエネルギー送り出し続けたことで疲れています。

この弱った体を回復させるためには、ゴール後にいかに効率よく、適切な栄養補給を行うかが重要なポイントになるでしょう。

そこで、覚えておいていただきたいのが、**レース後の栄養補給のタイミングには、ゴールデンタイムが存在していること。**

「超回復」とも呼ばれるこの時間には、体が本来持っている「傷ついたものを自然に直そうとする力」を発揮しようと、成長ホルモンを分泌します。

本来、成長期を過ぎた年代の私たちの体は、寝ているときにしか成長ホルモンを出してくれません。ところが、運動後の30分と、運動を終了してから2時間後にゴールデンタイムが訪れます。

その時間に摂った食事は超回復の原動力となり、レース後の体を素早くリカバリーしてくれるのです。

摂るべきものは、走るためのエネルギーを生み出すために使われた「糖質（グリコーゲン）」。壊れた筋肉を修復するための「タンパク質」「ビタミン・ミネラル」です。

具体的には、まず運動後30分にヨーグルトやフレッシュジュースを摂り、ビタミン類を補います。

さらに2時間後は、消化によく良質なタンパク質を含んだ食事を。煮込み料理や鍋などがお勧めです。

また、海鮮丼などは代謝に使われる酵素が豊富なので、疲労回復をスムーズにしてくれるでしょう。体が欲する栄養素の入った食事と言えます。

レース終了後2週間は、体も内臓も疲れ、免疫力も低下しています。体調を崩しやすい時期なので、この期間は養生を第一に考え、消化のよい食事や、積極的に休養を取るようにしていきましょう。

［ランニング前に行う９種類の体操］

ジャンプスキップや細胞分裂走、ドリルなど、各種トレーニングの前に行いましょう。１種類につき、片側２回を目安に。呼吸は止めずに行うこと（呼吸に対する記述がない場合は、自由な呼吸方法でかまいません）。ひと通り行うと全身のモードチェンジができます。

◆オープンチェスト（→大胸筋・僧帽筋中部線維）

①リラックスした状態で直立し、息を吐きながら腕を交差させ前かがみに。②息を吸いながら大きく腕を広げて、胸を反らせる。

◆フロントアームリング（→広背筋・僧帽筋上部線維）

①左右の親指を軽く組み、腕を肩の高さまで上げる。次に右下からのぞき込むようにして、体を左に傾ける。ワキから体の側面が伸びていることを意識。②１と同じ要領で逆側も行う。

◆バックアームリング（→僧帽筋下部線維・上腕二頭筋）

①リラックスした状態で直立し、上半身を軽くちぢこませながら、指を後ろ手に組む。②１の状態から腕を後ろに引くようにして上半身を反らせる。

◆エルボーリフト（→上腕三頭筋・広背筋）

①ラクな姿勢で立ち、両手を両肩に置く。②体を左にねじりながら、右腕を左上へ。その際、右腕（とくに上腕二頭筋）→背中→右足までの連動した伸びを意識。同じ要領で左腕も行う。

◆レッグトンネル（→ハムストリングス・脊柱起立筋群）

①直立し、上半身は前傾姿勢に。ヒザは軽く曲げてもＯＫ。②股の間から頭をのぞかせる要領で前屈する。この時、目線は下（地面）ではなく、後ろを見るのがポイント。深く伸ばせるようになる。

◆エアニーフレックス（→大腿四頭筋の広筋・直筋）

①左足で立ちながら右ヒザを曲げ、くるぶしの辺りを右手で持つ。片足でバランスが保てない場合は、壁などに触れながらでもＯＫ。②１の姿勢から右ヒザを外側に持ち上げる。上げ下げを繰り返したら、逆足も行う。

◆エアザゼン（→大臀筋・股関節外旋筋群）

①左足でバランスをとりながら、右足を曲げる。②１の姿勢からゆっくり沈み込み、腿裏と背中を伸ばす。逆足も行う。

◆サイドスライド（→股関節内転筋群）

①足を横に大きく開き、手は腰の位置へ。左ヒザを曲げ、左足に体重移動させる。その際、上半身はまっすぐに。②次に体重を右足へ移動。左右交互に繰り返す。

◆ヒールシッティング（→下腿三頭筋のヒラメ筋・腓腹筋）

①足を縦に大きく開き、手はラクな位置に。②後ろ側の足を曲げながら後方に体重移動させ、前側の足を伸ばす。同じ要領で逆側の足も行う。

おわりに

「自己ベスト更新しました！」
「優勝しました！」
「念願の大会に出ます！」
「完走できました！」

などなど、皆さんから喜びの声をたくさんいただきます。その素敵な出来事に立ち会えるのは、トレーナー兼コーチの私にとって、何よりの喜びです。

ところで、「やってはいけない」と、なかなか強烈なタイトルに驚かれたでしょう。

しかし、その中には「こういう考え方もヒントにしてみませんか」という、専門家からのメッセージが込められています。

もしも今、伸び悩んでいたり、ケガをしているのならば、何か新しいことにチャレンジするチャンスです。

というのも、体というのは、非常にシンプルです。自分に合っている練習であれば、すぐに効果を感じます。気合いや根性で問題を解決できないとき、自分の体に合った方法を見つけることこそが最善なのです。

本書では、3つの走り方とアプローチを紹介させていただきました。ぜひ自分のタイプを見極め、ひとつずつ、焦らず、じっくりと、正確に取り組んでみてください。

また、自分がどのタイプか分からないときもあります。そのときは、全部順番に試してみるのもひとつの手段です。やってみて、「これはちょっと楽しいかも！」と感じられたら、今、体が一番欲している練習です。軽い負荷から徐々に始めてみてください。

そして、当然ながら、私も走ることが大好きです。

走り始めて、すでに20余年が経ちましたが、ますます奥深さや面白さ、新しい感覚を発見することができます。また、一人ひとりを真剣にサポートをして来た結果、今回、初めて書籍化することができました。

本書は、出し惜しみなく、ランナー皆さんのお役立ち情報が満載です。何か困ったときや迷ったとき、さらなる向上心や探究心が芽生えたとき、解決の糸口を見つける一助となることを祈り、おわりの言葉とさせていただけましたら幸いと思います。

スポーツマイスターズコア代表　鈴木清和

青春新書
INTELLIGENCE

こころ涌き立つ「知」の冒険

いまを生きる

"青春新書"は昭和三一年に──若い日に常にあなたの心の友として、その糧となり実になる多様な知恵が、生きる指標として勇気と力になり、すぐに役立つ──をモットーに創刊された。

そして昭和三八年、新しい時代の気運の中で、新書"プレイブックス"にその役目のバトンを渡した。「人生を自由自在に活動《プレイ》する」のキャッチコピーのもと──すべてのうっ積を吹きとばし、自由闊達な活動力を培養し、勇気と自信を生み出す最も楽しいシリーズ──となった。

いまや、私たちはバブル経済崩壊後の混沌とした価値観のただ中にいる。その価値観は常に未曾有の変貌を見せ、社会は少子高齢化し、地球規模の環境問題等は解決の兆しを見せない。私たちはあらゆる不安と懐疑に対峙している。

本シリーズ"青春新書インテリジェンス"はまさに、この時代の欲求によってプレイブックスから分化・刊行された。それは即ち、「心の中に自らの青春の輝きを失わない旺盛な知力、活力への欲求」に他ならない。応えるべきキャッチコピーは「こころ涌き立つ"知"の冒険」である。

予測のつかない時代にあって、一人ひとりの足元を照らし出すシリーズでありたいと願う。青春出版社は本年創業五〇周年を迎えた。これはひとえに長年に亘る多くの読者の熱いご支持の賜物である。社員一同深く感謝し、より一層世の中に希望と勇気の明るい光を放つ書籍を出版すべく、鋭意志すものである。

平成一七年　刊行者　小澤源太郎

著者紹介

鈴木清和〈すずききよかず〉

1972年、秋田県生まれ。スポーツマイスターズコア代表。ACAF認定アスレチックトレーナー。駒澤大学陸上競技部出身。選手時代にケガに悩まされた自身の経験をもとに、それぞれの体型に合った「無理せず」「ケガなく」「効率的」な走り方で、42.195kmを走り切る『やわらか走』を提唱。シューズ選びからフォームの確立まで、きめ細かいケアにより、多くの市民ランナーをフルマラソン完走へと導いている。

本書は「いつまでたっても距離やタイムがさっぱり伸びない」「マラソンの後半で脚が動かなくなる」「ヒザが痛くて走るのをやめてしまった」といった、悩めるランナーのための指南書である。

やってはいけないランニング　青春新書 INTELLIGENCE

2012年7月15日　第1刷

著者　鈴《すず》木《き》清《きよ》和《かず》

発行者　小澤源太郎

責任編集　株式会社プライム涌光

電話　編集部　03(3203)2850

発行所　東京都新宿区若松町12番1号 〒162-0056　株式会社青春出版社

電話　営業部　03(3207)1916　振替番号　00190-7-98602

印刷・図書印刷　製本・ナショナル製本

ISBN978-4-413-04365-6